高等职业教育汽车类专业新型活页工作手册式系列教材

系列教材主编：戚文革　邹玉清

# 汽车自动变速器维修

苗　莹◎编著

中国铁道出版社有限公司
CHINA RAILWAY PUBLISHING HOUSE CO., LTD.

## 内 容 简 介

本书为贯彻国务院印发的《国家职业教育改革实施方案》(简称“职教20条”)文件精神,落实“新型活页式、工作手册式”职业教育教材的要求而编写,是依据学生中心、能力本位、成果导向等理论,充分考虑“1+X”证书要求,融专业教育、课程思政、创新教育于一体的校企双元合作开发的新型活页式、工作手册式能力本位教材,充分体现了职业教育是“学习如何工作的教育”的本质要求。

全书共分六个项目,包括保养自动变速器、分解检查自动变速器油泵、检修液力变矩器、拆装与清洗自动变速器阀体、分解检查自动变速器、检查自动变速器电控系统。

为满足读者对不同车型的学习需求,书中配备几种常见车型的拆装与检修视频。读者可通过扫描书中二维码进行观看。同时,配套开发了教学工作页和助教课件等教学资源以供使用。

本书适合作为高职高专院校和其他职业学校汽车类专业的教材,也可作为相关人员的岗位培训教材。

**图书在版编目(CIP)数据**

汽车自动变速器维修 / 苗莹编著 . —北京:中国铁道出版社有限公司 , 2022. 2
高等职业教育汽车类专业新型活页工作手册式系列教材
ISBN 978-7-113-28575-3

Ⅰ. ①汽… Ⅱ. ①苗… Ⅲ. ①汽车-自动变速装置-车辆修理-高等职业教育-教材 Ⅳ. ①U472. 41

中国版本图书馆 CIP 数据核字(2021)第 241140 号

**书　　名:汽车自动变速器维修**
QICHE ZIDONG BIANSUQI WEIXIU
**作　　者:**苗　莹

**策　　划:**尹　鹏　　**编辑部电话:**(010)83552550
**责任编辑:**钱　鹏　彭立辉
**封面设计:**刘　颖
**责任校对:**焦桂荣
**责任印制:**樊启鹏

**出版发行:**中国铁道出版社有限公司(100054,北京市西城区右安门西街 8 号)
**网　　址:**http://www.tdpress.com/51eds/
**印　　刷:**北京联兴盛业印刷股份有限公司
**版　　次:**2022 年 2 月第 1 版　2022 年 2 月第 1 次印刷
**开　　本:**787 mm×1 092 mm 1/16　**印张:**8　**字数:**200 千
**书　　号:**ISBN 978-7-113-28575-3
**定　　价:**38.00 元

# 编审委员会

# 作者简介

苗莹，2013年毕业于东北电力大学机械工程学院获得硕士学位，毕业后到吉林电子信息职业技术学院任教，任教后一直从事汽车工程学院的教学和科研工作。主编了《汽车拆装技术与操作》教材1部，担任副主编教材2部。获得2015年全国职业院校现代制造及自动化技术教师大赛汽车全电气系统检测与维修项目三等奖，获得2019第五届“立信杯”全国职业院校汽车专业教师能力大赛汽车维修赛项一等奖。指导学生参加第七届大学生机械创新设计大赛吉林省赛区二等奖，指导学生参加2020年吉林省职业院校技能大赛“汽车检测与维修”赛项二等奖。

# 序

自从2019年国务院发布的《国家职业教育改革实施方案》（简称“职教20条”）提出“倡导使用新型活页式、工作手册式教材”之后，教材建设就成为职业教育改革的热词，2020年国家教材建设奖的设立极大地提升了教材的地位，更是将教材建设推到了职业教育改革的浪尖潮头。

教材里有什么？

这是必须明确的一件事。

是不是知识本位教材里有知识而能力本位教材里有能力呢？答案是明确的，无论知识本位教材还是能力本位教材，教材里都只有知识。

区别何在？

知识本位教材是将学科知识从命题概念出发，在空间上按照演绎逻辑进行组织、呈现的。

能力本位教材是将工作知识从具体事物出发，在时间上按照归纳逻辑进行组织、呈现的。

知识本位教材的功能是培养学生演绎推理能力，目的是发现更多知识，探索未知领域。

能力本位教材的功能是培养学生归纳推理能力，目的是处理具体事务，解决现实问题。

这是一个大概的区分，但这是一个直指本源的区分，这一内在逻辑的区别决定了职业教育与普通教育教材类型的基因差异。

职业教育教材应该“长什么样，内容如何呈现，具备什么功能”，是由职业教育类型属性决定的，职业教育就是“学习如何工作的教育”，那么教材就应该呈现“工作原貌”，只有将“工作原貌”呈现出来，才能够实现学习“如何工作”的目的。抓住了这一根本性的问题，就能将职业教育教材与普通教育教材彻底区别开来。

怎样呈现“工作原貌”呢？

任何一项工作都是由六个要素构成的，即工作对象、工作内容、工作手段、工作组织、工作产品和工作环境。

工作六要素所对应的知识，即工作对象知识、工作内容知识、工作手段知识、工作组织知识、工作产品知识和工作环境知识。

对于一项工作，如果将工作六要素知识寻找并罗列出来，合辑成册，是不是可以看做是职业教育的教材呢？

按照教材里只有“知识”和职业教育就是“学习如何工作的教育”这两条标准判断，显然这一合辑成册的书无疑就是职业教育的教材。

继续深入分析，工作六要素知识两种有价值的排列方式，一种是并列排列，将六要素知识平铺在纸上就可以了，这是工作六要素知识的静态呈现——这种排列方式并不鲜见，如常见的机械设计手册等。

如果将工作六要素里的工作内容知识按照其在工作中出现的时间顺序排列就会发现，这构成了一项具体工作的职业行动体系，其他五个工作要素知识构成了支撑这个职业行动得以进行下去的职业知识，按照这一逻辑，我们发现工作六要素知识可以如图 1 排列，这样排列的好处就是将工作要素知识的内在联系通过职业行动建立起来了，使工作六要素动态呈现出来，不仅能够更好地表达了“工作原貌”，更是表达了“工作逻辑”，使学习者更易理解“工作本身”以及实现学习“如何工作”这一目的。

| 职业行动 = 工作内容知识序化 | 职业知识 = 其余工作五要素知识 |
| --- | --- |
| 1 | 工作对象知识<br>工作手段知识<br>工作组织知识<br>工作产品知识<br>工作环境知识 |
| 2 | |
| ⋮ | |
| $n$ | |

图 1　工作六要素知识时序逻辑

仅此还是不够的，职业教育教材不仅要呈现工作要素知识，表达“工作逻辑”，还要服务于学生学习这一根本要求，因此，职业教育教材必须按照认知规律和职业成长规律选取和呈现工作要素知识。

认知规律通常表述为从“从低级到高级，从简单到复杂”，什么是“低级和高级”“简单和复杂”呢？布鲁姆的教育目标分类是我们可以依据的一个科学原理。

本耐、德莱福斯、劳耐尔对职业能力成长规律的研究成果得到了普遍的认同，从初学者 / 新手—生手—熟手—能手—专家 / 高手的职业能力成长的过程中，使我们得以窥见职业教育与普通教育互为起点与终点的正好相反的学习过程。

综上所述，工作要素知识以静态或者动态方式按照认知规律、职业成长规律排列，构成职业教育教材的知识种类与排列的基本的序化逻辑。

本系列教材是以工作要素知识的动态形式，按照认知规律和职业成长规律选取工作内容来组织、呈现工作原貌的。

教材以活页装订、留白处理、多元目录索引、职业行动与职业知识左右对应排版、知识表格化处理，全书用色块区分不同内容等手段，表达重点清晰醒目，并配以二维码视频动画资源，极大地方便了检索查阅，充分体现自主学习功能和手册性质。

同时，以标语彰显、主题镶嵌和星火相融三种方式将创新教育以及课程思政融于专业教育始终，使教材具备了“专业、创新、思政”三育融合的内容与功能。

采用镶嵌、替换方式将“1+X”融入相关内容之中，满足职业技能等级鉴考评定需求。每一个学习项目设置一个迁移性学习考核项目，满足了学分银行学习成果认证需要。

吉林电子信息职业技术学院在汽车专业群、机械专业群、冶金专业群系统开展的提高育人有效性的教学改革中，从 2016 年开始尝试“活页式、工作手册式”教材编写与教学实践，取得了良好效果。

是为序。

戚文革

2021 年 8 月 20 日

# 前言

职业教育教材建设进入了新时代。2019年国务院发布的《国家职业教育改革实施方案》（简称“职教20条”）开篇就明确了职教与普教的区别，并且第一次以国家文件的高度对教材形式提出了具体要求。第（九）条“建设一大批校企“双元”合作开发的国家规划教材，倡导使用新型活页式、工作手册式教材并配套开发信息化资源。”这背后的逻辑是什么？职业教育教材建设必须思考：新型活页式、工作手册式教材的内涵是什么？职业教育教材如何体现“新型”“活页式”“工作手册式”三个关键要素？新型活页式、工作手册式教材必须具备什么样的功能？

本书着重把握新型活页式、工作手册式教材的深刻内涵和承载的功能，遵循能力本位、学生中心、成果导向等职业教育基本规律，将专业教育、创新教育、课程思政以及“1+X”融为一体，教材功能指向职业能力培养，充分体现职业教育类型特征。

职业教育是“学习如何工作的教育”，因此，本书将完整展现职业行动的工作原貌作为第一原则，将工作内容序化为职业活动，构成职业行动体系，辅以支撑职业行动的职业知识。为了清晰地表达工作原貌，在具体版面设计上，横版编辑，一页纸分为左右对称两部分，左侧为职业行动，右侧为支撑职业行动得以开展的职业知识。

具体表现：页面左侧为序化的职业行动——作业准备—拆卸—检修—安装，形成职业行动体系，作为教材结构逻辑；页面右侧为支撑职业行动的技术标准、规范、要求、原则、方法、原理等理论知识、技术理论知识、技术实践知识以及经验性知识，其中技术实践知识为主，并进行表格化处理以方便查阅，体现手册式特征。

全书共六个项目，包括保养自动变速器、分解检查自动变速器油泵、检修液力变矩器、拆装与清洗自动变速器阀体、分解检查自动变速器、检查自动变速器电控系统。书中配备视频、动画等电子资源二维码，并配套开发了教学工作页和助教课件等教学资源。

每个项目包含四部分内容：第一部分是项目概述，包括项目描述、项目要求、学习目标和学习载体；第二部分是项目实施，包括职业行动、职业知识和任务测评；第三部分是学习考评，包括考评项目、实施准备、验证方法与标准和考评报告；第四部分是课程思政，包括页脚标语、拓展阅读。

本书编写紧紧围绕新型活页式、工作手册式教材的本质特征，使其具备如下特点：

### 1. 体现能力本位功能，突出职业能力培养

将项目或任务的工作内容序化为完整的工作过程，建立工作六要素（工作对象、工作内容、工作手段、工作组织、工作产品、工作环境）之间的内在联系，展示工作原貌，在完成职业活动过程中不断积淀职业能力。

### 2. 体现学生中心思想，以方便学生学习为第一原则

活页装订方便学生增添新知识、新技能以及学习心得，页面留白处理方便学生学习记录，多元目录索引方便学生学习查阅。

### 3. 体现成果导向思想，满足学分银行认证要求

“职教20条”第(八)条指出要“加快推进职业教育国家‘学分银行’建设，从2019年开始，探索建立职业教育个人学习账号，实现学习成果可追溯、可查询、可转换。”学习成果认定是“学分银行”实施的基础，为此，本书每一个项目最后，都设计了一个学习成果认定考核方案，供师生参考选择。

### 4. 适应“1+X”证书制度，内容选取参考职业技能等级标准

在“1”的基础上，针对职业要求进行拓展和补充，将汽车职业技能等级标准有关内容及要求有机融入教材中，实现课证融通。

### 5. 体现“专业 + 思政 + 创新”时代要求，实现三育融合

本书每个项目的页眉页脚采用蕴含思政元素和创新元素的标语式语句，寓教于警示励志语言——标语彰显式。本书选定一个思政和创新主题，按照主题选取编辑若干个故事，寓教于故事中——主题镶嵌式。每个任务拓展训练中紧密结合任务内容将思政元素和创新元素融入其中，寓教于水乳交融中——星火相融式，专业教育中突出“人的底色”与创新素质培养。

### 6. 辅以信息化数字资源，教材内容立体呈现

本书配套开发设计了教学工作页、教学课件、任务工单、习题作业及大量的媒体素材等资源，方便师生学习查阅。

### 7. 图文并茂，职业知识表格化处理，突出“手册式”功能

本书编写时选用了大量图例，文字力求简练、通俗，内容简明扼要，职业知识表格化处理，易于快速查阅，通俗易懂。

### 8. 增加新技术、新工艺、新规范，增强教材时效性

本书在选用学习载体和学习内容时，考虑到所用自动变速器应便于学生理解和掌握，选择经典版01M自动变速器进行学习和实训讲解，使学生容易理解和操作，并为后续的课程的学习打下基础。

### 9. 校企双元合作开发，充分融入职业要素

本书由吉林电子信息职业技术学院汽车工程学院教师苗莹编著。其中，苗莹编写了项目1～5，王振平编写了项目6。

本书由李晓松主审，参加审稿的还有王磊和谢伟民。审稿的各位老师对全书进行了认真细致的审阅，并提出了宝贵的意见和建议，在此表示衷心的感谢!

书中配备视频、动画等电子资源，可扫描二维码观看，视频中变速器品牌型号虽然与书中所讲不完全一致，但维修方法和手段基本一致，可作为学习参考。同时配套开发了教学工作页和助教课件等教学资源。

由于时间仓促，编著者水平有限，书中难免存在疏漏与不妥之处，恳请读者批评指正。

编著者

2021年8月

# 目　录


**项目一　保养自动变速器 ........ 1-1**

任务一　检查自动变速器 ........ 1-2

任务二　更换自动变速器油 ........ 1-8

学习考评 ........ 1-15

拓展阅读 ........ 1-16

**项目二　分解检查自动变速器油泵 ........ 2-1**

任务一　拆卸自动变速器油泵 ........ 2-2

任务二　检测自动变速器油泵 ........ 2-6

任务三　安装自动变速器油泵 ........ 2-11

学习考评 ........ 2-15

拓展阅读 ........ 2-16

**项目三　检修液力变矩器 ........ 3-1**

任务一　检测液力变矩器 ........ 3-2

任务二　失速试验 ........ 3-6

学习考评 ........ 3-10

拓展阅读 ........ 3-11

**项目四　拆装与清洗自动变速器阀体 ........ 4-1**

任务一　拆卸自动变速器滑阀箱 ........ 4-2

任务二　分解与清洗滑阀箱 ........ 4-6

任务三　安装自动变速器滑阀箱 ........ 4-13

学习考评 ........ 4-17

拓展阅读 ........ 4-18

**项目五　分解检查自动变速器 ........ 5-1**

任务一　分解自动变速器 ........ 5-2

任务二　分解检查自动变速器离合器和制动器 ........ 5-8

任务三　安装与调整自动变速器 ........ 5-16

学习考评 ........ 5-25

拓展阅读 ........ 5-26

**项目六　检查自动变速器电控系统 ........ 6-1**

任务一　检查自动变速器电气系统 ........ 6-2

任务二　检查自动变速器电磁阀 ........ 6-7

学习考评 ........ 6-11

拓展阅读 ........ 6-12

**附录A　考评报告 ........ A-1**

**参考文献 ........ B-1**

# 视频 / 动画目录

1-1检查自动变速器 ........ 1-2
1-2自动变速器换油 ........ 1-8
2-1拆卸自动变速器油泵 ........ 2-2
2-2油泵的分解 ........ 2-6
2-3安装自动变速器油泵 ........ 2-11
3-1检测液力变矩器 ........ 3-2
3-2失速试验 ........ 3-6
4-1拆卸自动变速器滑阀箱 ........ 4-2
4-2分解与清洗滑阀箱 ........ 4-6
4-3安装自动变速器滑阀箱 ........ 4-13
5-1分解自动变速器 ........ 5-2
5-2分解检查自动变速器离合器和制动器 ........ 5-8
5-3安装与调整自动变速器 ........ 5-16
6-1检查自动变速器电气系统 ........ 6-2
6-2检查自动变速器电磁阀 ........ 6-7

# 项目一　保养自动变速器

## 一、项目描述

完成 2007 款宝来 1.6 L/AT 轿车 01M 自动变速器保养作业。

## 二、项目要求

符合 2007 款宝来 1.6 L/AT 轿车自动变速器的保养技术要求与标准，正确使用工具，完成如下检修作业：

（1）检查自动变速器。

（2）更换自动变速器油液。

## 三、学习目标

（1）准确描述自动变速器的基本组成、类型和优缺点。

（2）准确描述自动变速器的检查方法。

（3）准确描述自动变速器的油液更换方法。

（4）规范地对自动变速器进行检查作业。

（5）规范地对自动变速器进行油液更换作业。

（6）养成自觉遵守技术标准和相关规定包括规范操作、安全、环保、5S[ 整理( Seiri )、整顿( Seiton )、清扫( Seiso )、清洁( Seiketsu )、素养（Shitsuke）] 作业等要求的好习惯。

（7）树立德技并修的学习观。

（8）认识到发现问题就是创新。

## 四、学习载体

现有一辆 2007 款宝来 1.6 L/AT 轿车来到服务站，已经行驶了 60 000 km，售后服务顾问告知车主需要对本车进行自动变速器的检查，并更换变速器油液。下图所示为 2007 宝来 1.6 L/AT 轿车 01M 自动变速器。

学习笔记

学习笔记

# 任务一　检查自动变速器

## 职业行动

### 步骤一：作业准备

**1. 作业场地**

选择带有消防设施的作业场地。

**2. 设备设施**

2007 款宝来 1.6 L/AT 轿车 01M 自动变速器、手电筒、工具车、零件车、垃圾桶。

**3. 工量辅具**（见表 1-1-1）

表 1-1-1　工量辅具

| 套筒扳手组合套具 | 抹布 | 诊断仪 |
|---|---|---|
| | | |
| **指针式扭力扳手** | **预置力式扭力扳手** | **ATF 油** |
| | | |

## 职业知识

### 自动变速器分类

| AT 变速器 | CVT 变速器 |
|---|---|
| 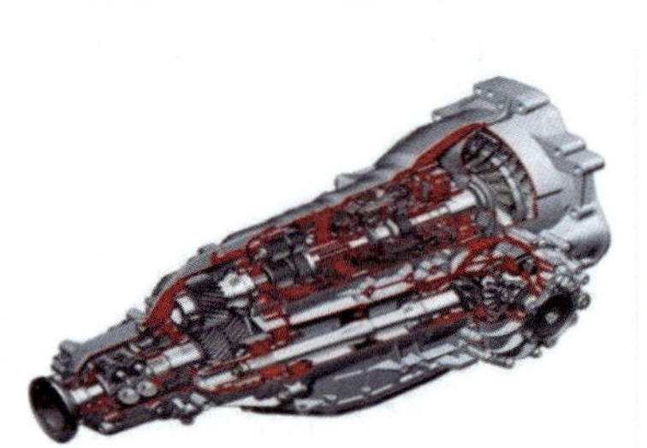 |  |
| • 采用液力传动和行星齿轮组合的方式来实现自动变速 | • 采用钢带或链条传动方式进行动力传递 |
| **AMT 变速器** | **DSG 变速器** 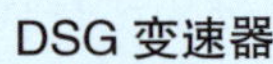 |
|  |  |
| • 通过机械变速器总体加装微机控制的自动操纵系统来实现换挡的自动化 | • 采用两套离合器，通过两套离合器的相互交替工作，来达到无间隙换挡的效果 |

视频

1-1 检查自动变速器

实干兴邦，空谈误国

续表

| 机油回收车 | 手电筒 | 举升机 |
| --- | --- | --- |
| | | |

### 4. 耗材

清洁布、手套、除锈剂。

## 步骤二：检查自动变速器外观

### 1. 把车开到举升机工位

使用举升机举升车辆，并落下举升机保险，如图 1-1-1 所示。

图 1-1-1　举升车辆

| 自动变速器各挡位含义 | |
| --- | --- |
|  | |
| P 挡 | 又称停（驻）车挡，自动变速器内的锁车爪固定锁车棘轮，将输出轴固定，此时车辆不能移动 |
| R 挡 | 车辆倒车时使用该挡位 |
| N 挡 | 又称空挡，可用于拖车、车辆启动或临时停车时 |
| D 挡 | 自动变速器可根据车速的变化在所有前进挡之间自由变化 |
| 3 挡 | 自动变速器可根据车速的变化在 1、2、3 挡之间自由变化 |
| 2 挡 | 自动变速器可在 1 挡和 2 挡自由变化，但无论发动机的转速有多高，变速器都不会升 3 挡 |
| L 挡 | 又称锁止一挡，具有发动机制动功能，此时的变速器无论节气门开度有多大，都不会升至 2 挡 |

学习笔记

学习笔记

### 2. 检查变速器外观

目视变速器外观有无裂缝和变形，壳体下方有无油液泄漏情况，如图 1-1-2 所示。

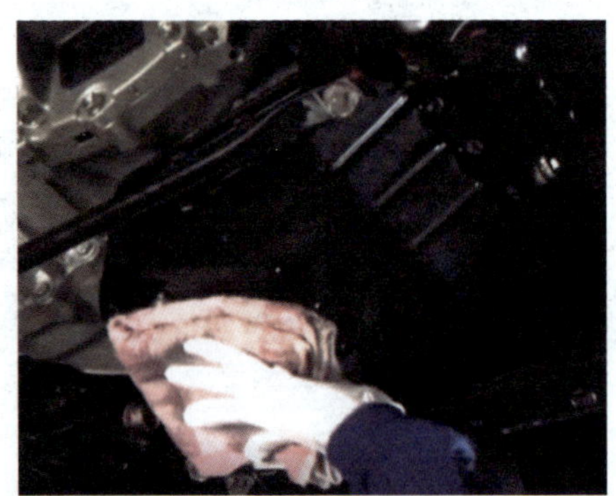

图 1-1-2　检查变速器外观

### 3. 检查变速器放油螺栓

观察放油螺栓处有无漏油现象，如图 1-1-3 所示。

图 1-1-3　检查变速器放油螺栓

**自动变速器模式**

| E（经济模式） | S（运动模式） |
| --- | --- |
|  • 汽车获得最佳燃油经济性，变速器升挡点提前，降挡点滞后，以节油为原则进行换挡控制。在市区行驶时，车辆拥挤，适合选择经济模式 |  • 运动模式以汽车获得最大动力性为目标来设计换挡规律，是将变速器升挡点滞后，降挡点提前，但油耗会略有上升。在超车时可以选择 |
| **W（雪地模式）** | **M（手动模式）** |
|  • 雪地驾驶模式，在 D 挡可从 3 挡直接起步。可以在冰雪湿滑的路面上选择该模式行驶 |  • 将变速杆向前推一下，变速器即向上进一个挡位，反之将变速杆向后推一下，变速器即向下退一个挡位 |

学习笔记

## 步骤三：检查自动变速器油液

（1）把车辆开入举升机工位。

（2）检查故障码。

使用诊断仪检查无故障码后，将变速器挡位置于P挡，如图1-1-4所示。

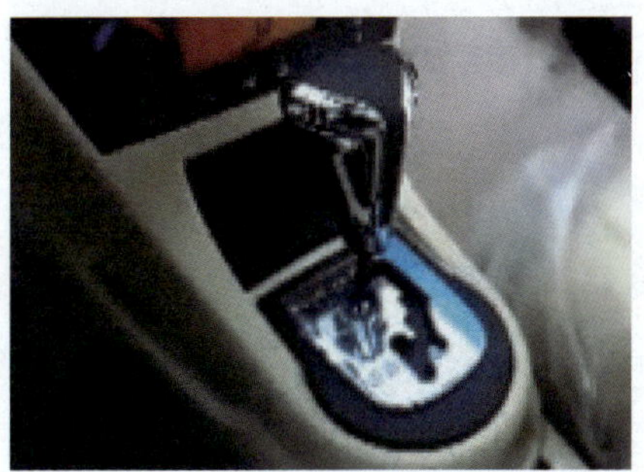

图 1-1-4　变速器置于 P 挡

（3）检查油温。启动发动机，通过诊断仪检测自动变速器油温，如图1-1-5所示。

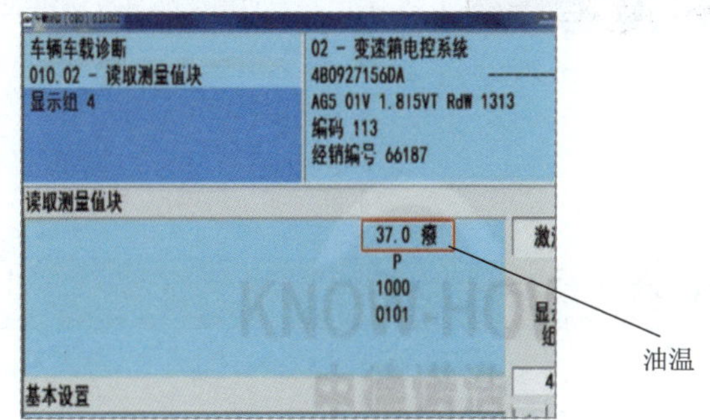


图 1-1-5　检测自动变速器油温

## 自动变速器组成示意图

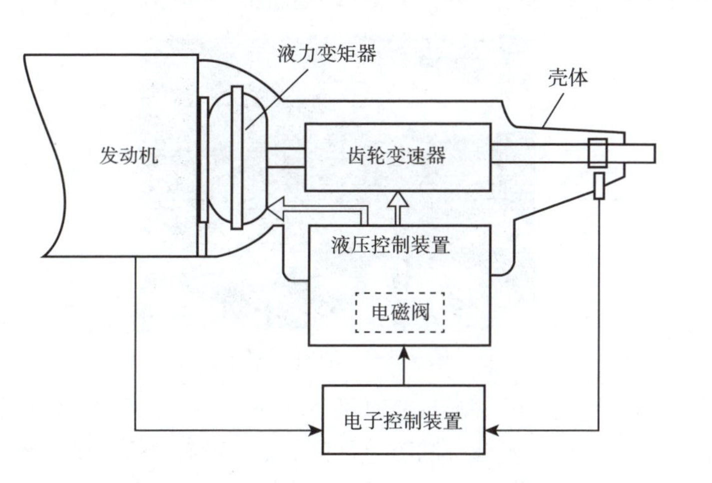


## 自动变速器各部件作用

| 组成部件 | 作用 |
| --- | --- |
| 齿轮变速器 | 实现变速或变向而传递动力的机构 |
| 液压控制装置 | 控制变速器的离合器和制动器工作状况的改变来实现变速器的自动换挡 |
| 电子控制装置 | 控制各种电磁阀的打开，实现自动换挡 |
| 液力变矩器 | 液力变矩器的主要作用是利用油液循环流动将发动机的动力传递给自动变速器的输入轴 |
| 壳体 | 保护变速器内部元件 |

学习笔记

（4）拆下放油螺栓。举升车辆，在放油孔下放置回收车，拆下自动变速器油底壳放油口螺栓，如图 1-1-6 所示。

图 1-1-6　放置回收车

（5）检查油量。观察变速器油温到 35 ～ 45 ℃时，溢流管是否有油液流出。若有，说明油量正常；若没有，说明油量不足，需要通过加油口补充 ATF 油，直到有油滴溢出为止。

（6）拧紧放油螺栓。检查完毕后，用 15 N • m 力矩拧紧放油螺栓，如图 1-1-7 所示。

图 1-1-7　拧紧放油螺栓

## 自动变速器优点

- 使汽车起步平稳，能吸收、衰减振动与冲击，提高乘坐的舒适性。
- 减小了传动系统的动载负荷，提高了汽车的使用寿命。
- 自动适应行驶阻力和发动机工况的变化，实现自动换挡，有利于提高汽车的动力性和行驶性能。
- 少排放，降低空气污染。
- 驾驶操纵简单，实现换挡自动化，有利于行车安全。
- 能以较低的车速稳定行驶，提高汽车在坏路面上的通过性。
- 可以减少驾驶员的疲劳

## 自动变速器型号

| 自动变速器型号 ZF5HP19 | 变速器型号含义 |
|---|---|
| 变速器型号 | • ZF：变速器生产厂商 ZF 为德国的变速器生产厂商。<br>• 5：变速器前进挡数量 。4 为四前速，5 为五前速，6 为六前速。<br>• H：表示变速器的最终执行通过液压。<br>• P：表示变速器机械传动机构带有行星齿轮装置。<br>• 19：变速器号码。根据发动机排量不同而相应变化 |

## 技术标准及要求

| 技术标准 | 放油螺栓力矩 | 15 N • m |
|---|---|---|
| | 变速器油温 | 35 ～ 45℃ |
| 要求 | • 举升车辆后，必须落下保险后，再进入车下。<br>• 拆下放油螺栓时不应戴手套 | |



实干兴邦，空谈误国

学习笔记

# 任务测评

## 一、知识测评

确定本任务的关键词，按重要程度进行关键词排序并举例解读。然后根据自己对重要信息捕捉、排序、表达、创新和划分权重能力进行自评，满分 100 分，如表 1-1-2 所示。

表 1-1-2　检查自动变速器知识测评表

| 序号 | 关键词 | 举例解读 | 评分自定 |
| --- | --- | --- | --- |
| 1 | | | |
| 2 | | | |
| 3 | | | |
| 4 | | | |
| 5 | | | |
| 总分 | | | |

## 二、能力测评

对表 1-1-3 所列作业内容，操作规范即得分，操作错误或未操作即零分。

表 1-1-3　检查自动变速器能力测评表

| 序号 | 能力点 | 配分 | 得分 |
| --- | --- | --- | --- |
| 1 | 自动变速器外观检查 | 15 | |
| 2 | 自动变速器油温监测 | 25 | |
| 3 | 自动变速器油液检查 | 25 | |
| 4 | 自动变速器油液补充 | 25 | |
| 5 | 拆装油底壳 | 10 | |
| 总分 | | 100 | |

## 三、素养测评

对表 1-1-4 所列素养点，做到即得分，未做到即零分。

表 1-1-4　检查自动变速器素养测评表

| 序号 | 素养点 | 配分 | 得分 |
| --- | --- | --- | --- |
| 1 | 设备和工具安全检查 | 20 | |
| 2 | 车辆安全防护 | 20 | |
| 3 | 工具清洁校准存放 | 20 | |
| 4 | 工量辅具、零部件、油水液体“三不落地” | 20 | |
| 5 | 工位 5S | 20 | |
| 总分 | | 100 | |

## 四、拓展训练

（1）请列举出在检查自动变速器的过程中易出现的问题，分析产生问题的原因并制定解决问题的措施。（满分 25 分）

（2）现发现，2007 款宝来 1.8 L/AT 轿车已行驶 80 000km，自动变速器需要进行检查保养。试制定检查流程并进行检修。（满分 25 分）

（3）自动变速器操控方便，易于掌握，已成为越来越多的车型标配，随着自动变速器的型号增多，对汽车维修人员的要求也越来越高。

请按下列思维导图格式（见图 1-1-18），对检查自动变速器的学习收获进行总结。结合检查自动变速的过程想一想，你认为一个汽车维修人员应具备哪些品质？选取你认为最贴切的那个词放到思维导图的空格里，并举例说明。（满分 50 分）

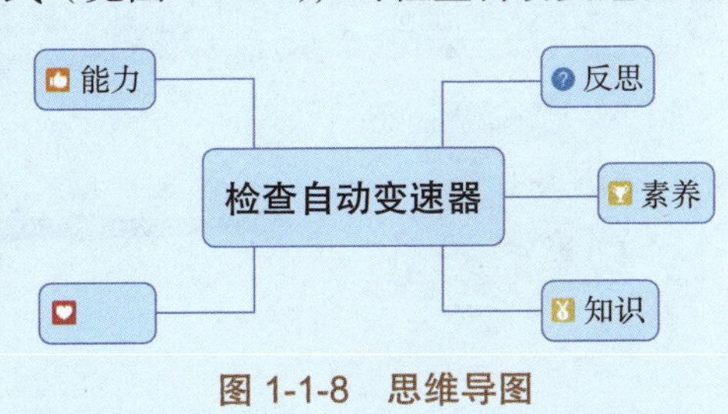


图 1-1-8　思维导图

学习笔记

# 任务二　更换自动变速器油

## 职业行动

### 步骤一：作业准备

**1. 作业场地**

选择带有消防设施的作业场地。

**2. 设备设施**

2007 款宝来 1.6 L/AT 轿车 01M 自动变速器、手电筒、工具车、零件车、垃圾桶。

**3. 工量辅具**（见表 1-2-1）

表 1-2-1　更换自动变速器油工量辅具

| 套筒扳手组合套具 | 抹布 | 诊断仪 |
|---|---|---|
| | | |
| 自动变速器加油壶 | 预置力式扭力扳手 | ATF 油 |
| | | |

## 职业知识

### 自动变速器底部结构

| 油底壳 | 滤清器 |
|---|---|
|  |  |
| 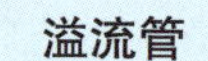溢流管 | 滑阀箱 |
|  | 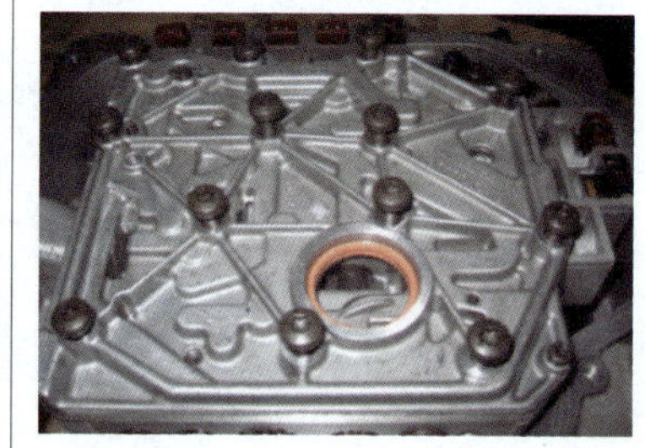 |

视频

1-2 自动变速器换油

续表

| 机油回收车 | 手电筒 | 举升机 |
|---|---|---|
|  |  | 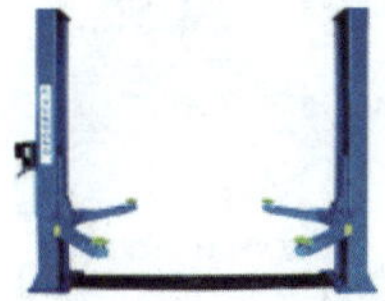 |

4. 耗材

清洁布、滤清器、ATF 油。

## 步骤二：放自动变速器油

1. 准备工作

把车开到举升机工位，铺设三件套和翼子板布。举升车辆，挂上保险。

2. 放变速器油

（1）在放油口下部放置回收车，卸下放油螺栓，如图 1-2-1 和图 1-2-2 所示。

图 1-2-1　放置回收车

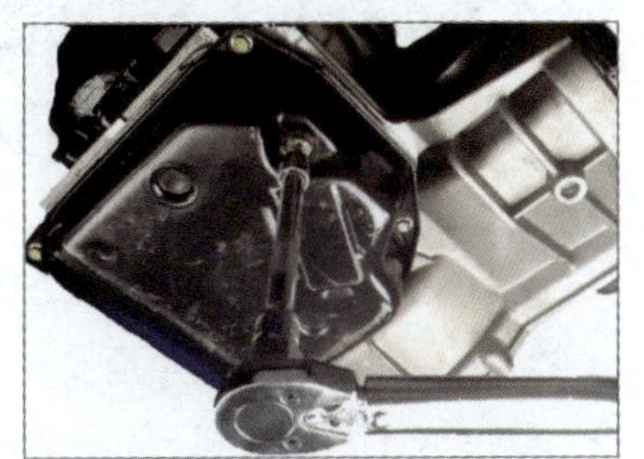

图 1-2-2　卸下放油螺栓

| 自动变速器保养里程 | |
|---|---|
| 商用车 | 60 000 km更换一次  |
| 出租车 | 2年更换一次  |
| 家庭用车 | 30 000 km更换一次  |

学习笔记

学习笔记

（2）拆下溢流管，将旧变速器油放置到回收车内，如图 1-2-3 所示。

图 1-2-3　拆下溢流管

（3）用摸、看、闻的方式检查自动变速器油（ATF）的油液品质，如图 1-2-4 所示。

（a）摸

（b）看

（c）闻

图 1-2-4　检查油液品质

（4）旧变速油放净后，装回溢流管，如图 1-2-5 所示。

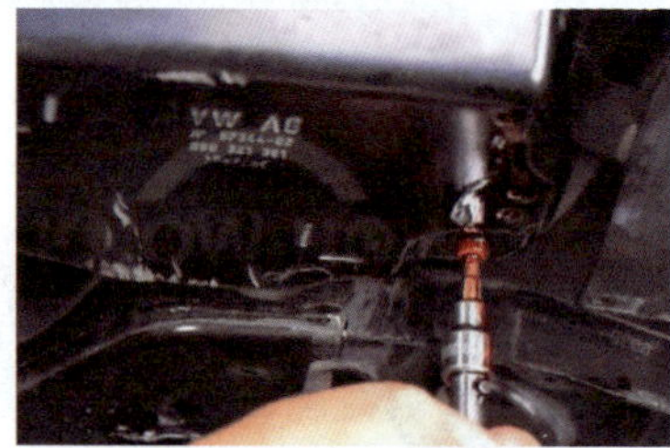

图 1-2-5　装回溢流管

## 常用自动变速器油液

- 目前自动变速器油的种类有很多，我国普遍使用美国通用公司生产的德士龙系列的变速器油

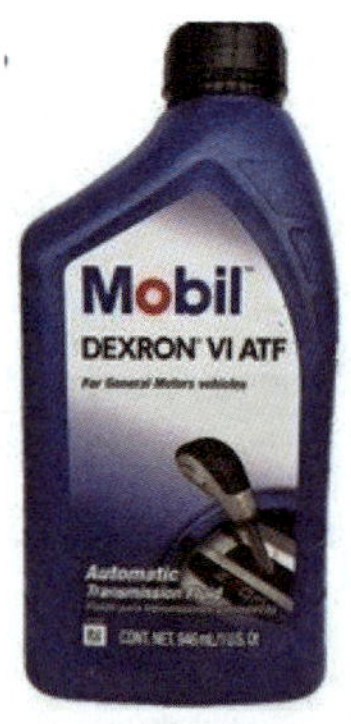

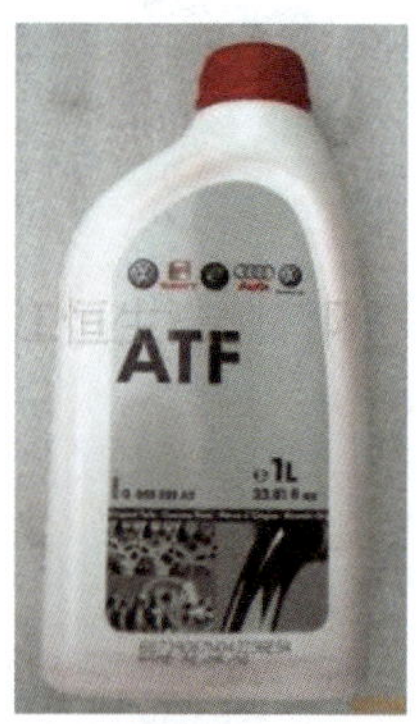


## 自动变速器油液作用

- 通过液力变矩器将发动机动力传递给变速器。
- 通过电控、液控系统传递压力和运动，完成对各换挡元件的操纵。
- 冷却：将变速器中的热量带出传递给冷却介质。
- 润滑：对行星齿轮机构和摩擦副强制润滑。
- 密封：对运动零件起密封作用

### 3. 拆卸油底壳

拆下油底壳螺栓，取下油底壳（见图 1-2-6），并将油底壳内变速器油倒净。拆下滤清器，如图 1-2-7 所示。

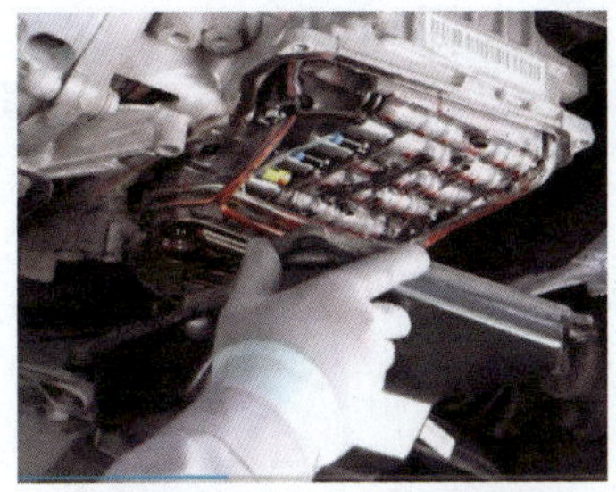

图 1-2-6　拆下油底壳

图 1-2-7　拆下滤清器

### 4. 更换滤芯并清洗油底壳

安装新滤芯，并用力矩扳手上紧力矩至 11 N • m；更换新的油底壳密封垫，并清洁油底壳，如图 1-2-8 和图 1-2-9 所示。

图 1-2-8　安装滤清器

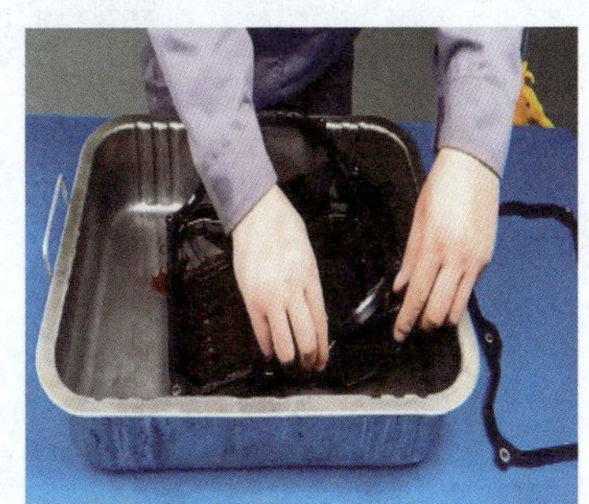

图 1-2-9　清洗油底壳

## 自动变速器油尺类型

| 油尺 | 溢流管 |
| --- | --- |
| • 部分车型用油尺检查自动变速器油面高度，油尺为三刻度线或四刻度线的，热车状态下的油液面高度应在 HOT 范围内；冷车状态下油液液面高度应在 COOL 范围内<br>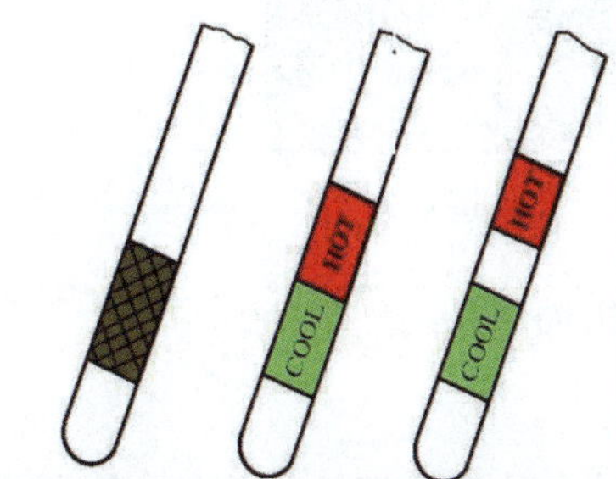<br><br>（a）双刻度线（b）三刻度线（c）四刻度线 | • 大众、奥迪等一些车型自动变速器检查液面高度时，只能通过观察溢流管来判断液面高度是否符合要求<br>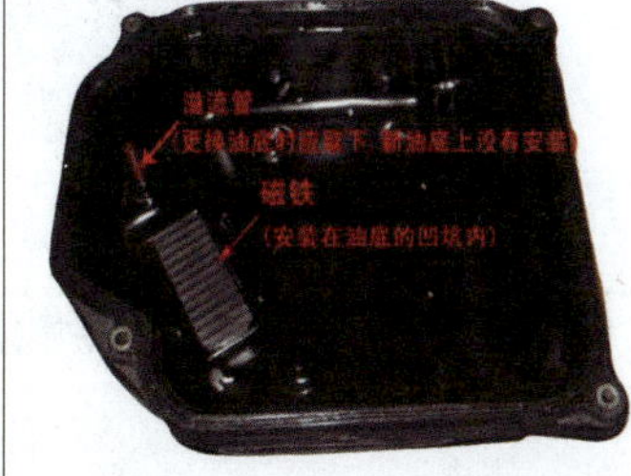<br> |

## 自动变速器油质要求

- 要有良好的热氧化安定性。
- 要有良好的黏温性。
- 要有良好的抗磨性。
- 要有良好的摩擦特性。
- 要有良好的抗泡沫性

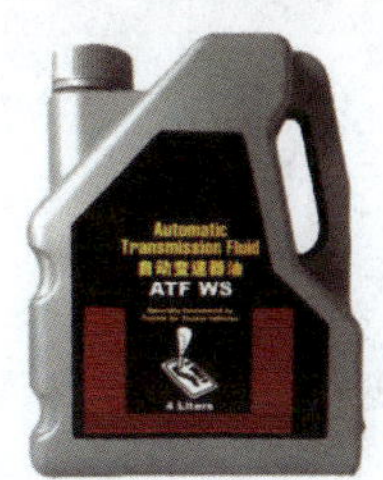


学习笔记

学习笔记

### 5. 安装油底壳

将油底壳安装到变速器底部，并紧固螺栓至 7 N•m，如图 1-2-10 所示。

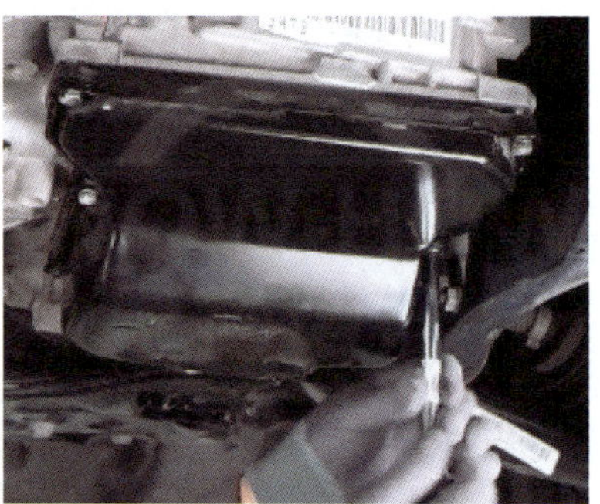

图 1-2-10　安装油底壳

## 步骤三：自动变速器油的加注

### 1. 加注变速器油

（1）拆卸变速器加注口螺栓和放油孔螺栓，并向加注器内加入 3 ～ 5 L 变速器油，如图 1-2-11 和图 1-2-12 所示。

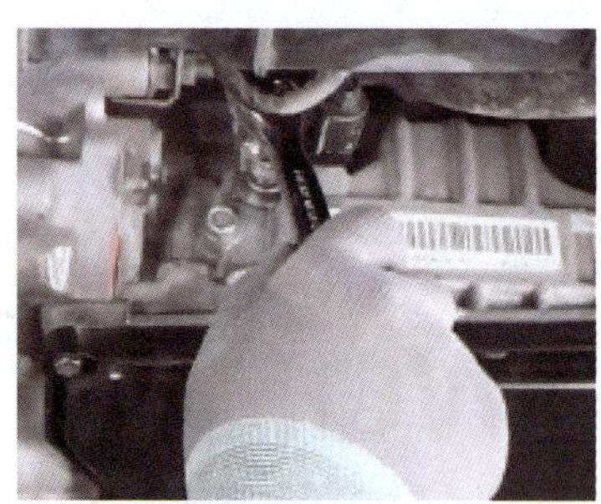

图 1-2-11　拆卸螺栓

图 1-2-12　加入变速器油

（2）将加注探头插入加注孔，并打开加注开关加注变速器油。直至观察有变速器油从放油孔流出为止，如图 1-2-13 所示。

**自动变速器驱动方式**

| 类型 | 图片 | 特点 |
|---|---|---|
| 后驱 | | • 变速器输出端在变速箱的后侧。变速箱不含差速器总成 |
| 前驱 | | • 变速器的输出端在变速器的前端，变速器集成差速器和主减速器 |
| 四驱 | 分动器及中央差速器 | • 变速器的前端和后端都可以输出动力。变速器集成差速器、主减速器和分动器 |

（3）打开发动机，观察变速器放油孔直至有油液流出为止，关闭加注口，踩下制动踏板，将变速杆在各个挡位停留 10 s 以上，见图 1-2-14。

图 1-2-13　加注变速器油

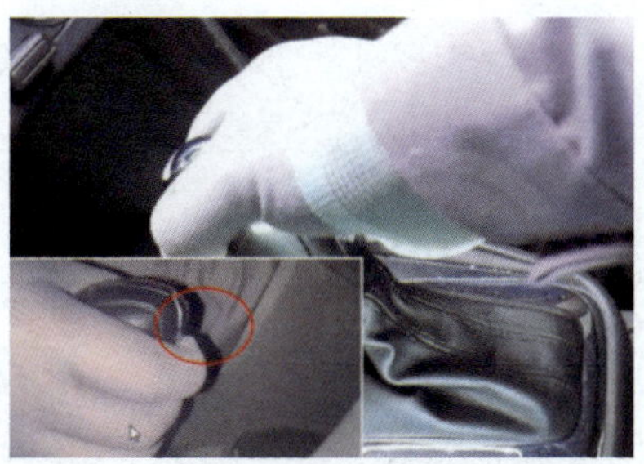

图 1-2-14　打开发动机并挂挡

## 2. 检查油量

连接诊断仪，观察变速器油温到 35 ～ 45℃时，溢流管是否有油液流出。若有，说明油量正常；若没有，说明油量不足，需要通过加油口补充自动变速器油，直到有油滴溢出为止，如图 1-2-15 所示。检查完毕后，用 15 N · m 力矩拧紧放油螺栓，参见图 1-1-7。

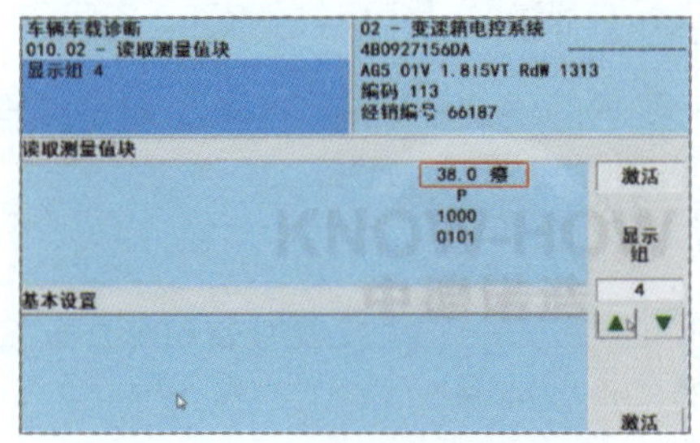


图 1-2-15　连接诊断仪测油温

**更换自动变速器油技术标准及要求**

| | | |
|---|---|---|
| 技术标准 | 油底壳固定螺栓力矩 | 7 N · m |
| | 滤清器的固定螺栓力矩 | 11 N · m |
| | 放油螺栓力矩 | 15 N · m |
| | 变速器油温 | 35 ～ 45 ℃ |
| 要求 | • 举升车辆后，必须落下保险后，再进入车下。<br>• 拆下放油螺栓时不应戴手套。<br>• 加油后需要让变速器在各个挡位运行 10 s 以上。<br>• 需要在变速器工作油温下检查油位 | |

学习笔记

学习笔记

# 任务测评

## 一、知识测评

确定本任务关键词，按重要程度进行关键词排序并举例解读。然后，根据自己对重要信息捕捉、排序、表达、创新和划分权重的能力进行自评，满分100分，如表1-2-2所示。

表 1-2-2　更换自动变速器油知识测评表

| 序号 | 关键词 | 举例解读 | 评分自定 |
|---|---|---|---|
| 1 | | | |
| 2 | | | |
| 3 | | | |
| 4 | | | |
| 5 | | | |
| 总分 | | | |

## 二、能力测评

对表1-2-3所列作业内容，操作规范即得分，操作错误或未操作即零分。

表 1-2-3　更换自动变速器油能力测评表

| 序号 | 能力点 | 配分 | 得分 |
|---|---|---|---|
| 1 | 准备工作 | 10 | |
| 2 | 放自动变速器油 | 25 | |
| 3 | 更换自动变速器滤清器 | 25 | |
| 4 | 添加自动变速器油 | 25 | |
| 5 | 进行挡位调试 | 15 | |
| 总分 | | 100 | |

## 三、素养测评

对表1-2-4所列素养点，做到即得分，未做到即零分。

表 1-2-4　更换自动变速器油素养测评表

| 序号 | 素养点 | 配分 | 得分 |
|---|---|---|---|
| 1 | 设备和工具安全检查 | 20 | |
| 2 | 车辆安全防护 | 20 | |
| 3 | 工具清洁校准存放 | 20 | |
| 4 | 工量辅具、零部件、油水液体“三不落地” | 20 | |
| 5 | 工位5S | 20 | |
| 总分 | | 100 | |

## 四、拓展训练

（1）请列举出在检查自动变速器的过程中易出现的问题，分析产生问题的原因并制定解决问题的措施。（满分25分）

（2）现发现，2007款宝来1.8 L/AT轿车已行驶80 000 km，出现起步无力，各个挡位行驶时感觉汽车明显行驶无力，初步判断为需要更换自动变速器油。试制定检修流程并进行检修。（满分25分）

（3）汽车变速器油是汽车变速器的“血液”。随着变速器的不断进步，与之配套的传动油液也不断地与时俱进，以达到最佳的技术效果。世界上每个汽车设备制造商都有自己的变速器油规格。作为汽车维修人员，面对各种型号的汽车，应该能够选用与之相适应的变速器油。

请按下列思维导图格式（见图1-2-16），对更换自动变速器油的学习过程进行总结。举例说出五种品牌变速器油的特性，列出与之匹配的车型，并说明要求维修人员应该具备什么样的工作态度，选一个你认为最符合的词填到空格里。（满分50分）

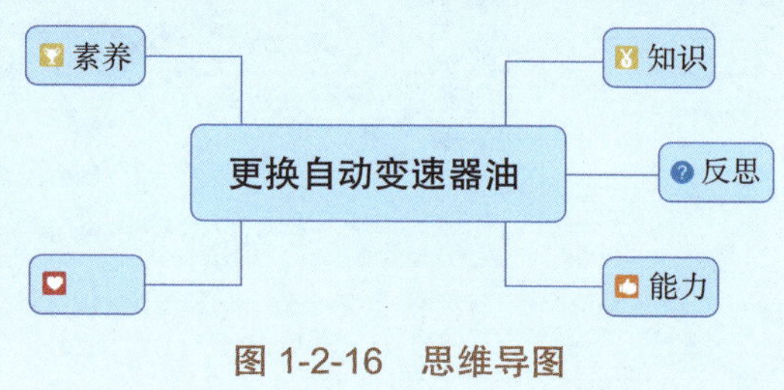

图 1-2-16　思维导图

学习笔记

# 学习考评

## 一、考评项目

根据所学，请对 2019 款宝来 1.6 L 运动版自动变速器进行常规保养。

## 二、实施准备

### 1. 学生准备

学生按照教学进度计划，已经完成了以下学习任务并达到 75 分以上，可进行该学习考评的实施。

（1）理解并完成学习考评需要的相关知识和方法的学习，得分大于 75 分。

（2）运用学习考评需要的相关知识和方法进行作业，得分大于 75 分。

（3）按时、按质、按量完成相应作业，得分大于 80 分。

（4）具有自觉遵守技术标准和要求规定、规范操作、安全、环保、5S 作业、团结协作的好习惯，得分大于 80 分。

（5）能制定 2019 款宝来 1.6 L 运动版自动变速器保养流程。

### 2. 教师准备

（1）在安排学生实施学习考评前，通过课堂问题研讨、作业、实训和考核及其他方式，确认学生已经具备了实施学习考评所需的知识、技能和素养，并确保学生在安全状态下独立进行。

（2）对协助教师进行测评的学生进行测评和监督方法的培训，确保测评结果的准确性和公平性。

（3）准备好测评记录。

## 三、验证方法与标准

（1）每位测评人员负责对两名学生进行定点、全过程的监控和测评。

（2）详细记录学生在实施学习考评过程中的相关信息、数据、结果、操作方法、完成时间，以及出现错误、事故等情况。

（3）学习考评的作业过程和数据记录等，要求在 60 分钟内完成，如果时间不足，可在即将结束时，口述剩余部分的作业方法。

（4）考核内容及标准如下表所示。

<table>
<tr><th>序号</th><th>作业项目</th><th>考核内容</th><th>考核标准</th><th>配分</th><th>得分</th></tr>
<tr><td rowspan="3">1</td><td rowspan="3">自动变速器油液检查</td><td>油液颜色检查</td><td>检查流程错误扣 5 分</td><td rowspan="3">15</td><td rowspan="3"></td></tr>
<tr><td>油液杂质检查</td><td>检查流程错误扣 5 分</td></tr>
<tr><td>油液气味检查</td><td>检查流程错误扣 5 分</td></tr>
<tr><td rowspan="2">2</td><td rowspan="2">检测前准备</td><td>铺设三件套</td><td>未做到扣 10 分</td><td rowspan="2">20</td><td rowspan="2"></td></tr>
<tr><td>举升车辆</td><td>举升支点未在正确指定位置每个点扣 2.5 分</td></tr>
<tr><td>3</td><td>查阅资料</td><td>正确查阅检修资料</td><td>未查阅或查阅不正确扣 20 分</td><td>20</td><td></td></tr>
<tr><td rowspan="5">4</td><td rowspan="5">自动变速器油液更换</td><td rowspan="5">选择正确的工具</td><td>选择错误扣 5 分</td><td rowspan="5">30</td><td rowspan="5"></td></tr>
<tr><td>使用方法正确</td></tr>
<tr><td>检查步骤正确</td></tr>
<tr><td>检查数值准确</td></tr>
<tr><td>操作熟练</td></tr>
<tr><td>5</td><td>安全文明生产</td><td>遵守规程、安全生产</td><td>每违犯一项扣 1 分，直至扣完</td><td>15</td><td></td></tr>
<tr><td colspan="4">总分</td><td>100</td><td></td></tr>
</table>

## 四、考评报告

**说明：**考评分为理论考评和实操考评，理论考评根据项目要求以及考评模板格式制定项目实施方案，方案经教师审核合格后，方可进行实操考评。考评报告模板详见附录 A。

学习笔记

# 拓展阅读

## 汽车医生是怎样炼成的

要有志成为一名优秀的汽车医生，面对纷繁复杂的故障现象快速准确地做出判断。不思考的努力就是无效的勤奋，要努力避免无效的勤奋，全力以赴锻炼自己的汽车故障诊断思维。

故障现象：

起步时踩下加速踏板，发动机转速升高很快但车速升高很慢；行驶时踩下加速踏板加速，发动机转速升高但车速没有很快提高；平路行驶正常，但上坡无力且发动机转速很高。

可能的故障原因：

液压油油面太低；液压油油面太高，运转中被行星排搅动后产生大量气泡；离合器或制动器摩擦片、制动带磨损过甚或烧焦；油泵磨损过甚或主油路泄漏，造成油路油压过低；单向超越离合器打滑；离合器或制动器活塞密封圈损坏漏油；减振器活塞密封圈损坏导致漏油。

故障诊断过程：

- 检查自动变速器液压油油面和品质。若油面过低或过高，调整到正常后，自动变速器不再打滑，则不必拆修自动变速器。
- 检查液压油品质，若液压油呈棕黑色或有烧焦味，说明离合器或制动器摩擦片或制动带有烧焦，须拆修自动变速器。
- 做路试，以确定自动变速器是否打滑，并检查出现打滑的挡位和打滑的程度。将变速杆拨入不同的位置，让汽车行驶。若自动变速器升至某一挡位时发动机转速突然升高，但车速没有相应升高，即说明该挡位打滑，打滑时发动机转速越容易升高，说明打滑越严重。

**思考：**变速器打滑故障判断不难，关键是要有判断思路，用思维导图判断上述故障并画出来，掌握思维导图这个思维工具，体会一下汽车医生的望闻问切。

**想一想：**怎样才能成为优秀的汽车医生？

学习笔记

学习笔记

# 项目二　分解检查自动变速器油泵

学习笔记

## 一、项目描述

完成 2007 款宝来 1.6 L/AT 轿车 01M 自动变速油泵分解与检测作业。

## 二、项目要求

符合 2007 款宝来 1.6L/AT 轿车自动变速器技术要求与标准，正确使用工具，完成如下检修作业：

（1）拆卸自动变速器油泵。

（2）检测自动变速器油泵。

（3）安装自动变速器油泵。

## 三、学习目标

（1）准确描述自动变速器油泵的基本组成和工作。

（2）准确描述自动变速器油泵的拆卸方法。

（3）准确描述自动变速器油泵的检测方法。

（4）准确描述自动变速器油泵的安装方法。

（5）规范地对自动变速器油泵进行拆卸作业。

（6）规范地对自动变速器油泵进行检修作业。

（7）规范地对自动变速器油泵进行安装作业。

（8）养成自觉遵守技术标准和相关规定（包括规范操作、安全、环保、5S 作业等要求的好习惯。

（9）养成踏实、严谨的工作观。

（10）认识到学会思考问题就是创新。

## 四、学习载体

现有一辆 2007 款宝来 1.6 L/AT 轿车来到服务站，行驶时挂入挡位时结合过慢，有顿挫感。经维修人员测得主油压值后，售后服务顾问告知车主变速器主油压值不稳定，需要对本车的自动变速器油泵进行检查。下图所示为 2007 宝来 1.6 L/AT 轿车 01M 自动变速器油泵。

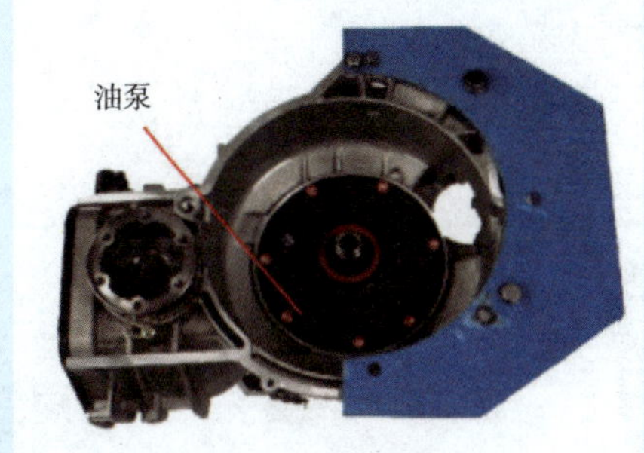

学习笔记

# 任务一　拆卸自动变速器油泵

## 职业行动

### 步骤一：作业准备

**1. 作业场地**

选择带有消防设施的作业场地。

**2. 设备设施**

2007 款宝来 1.6 L/AT 轿车 01M 自动变速器油泵、手电筒、工具车、零件车、垃圾桶。

**3. 工量辅具**（见表 2-1-1）

表 2-1-1　拆装油泵工量辅具

| 套筒扳手组合套具 | 抹布 | 台钳 |
|---|---|---|
| | | |
| 内六角扳手 | 预置力式扭力扳手 | ATF 油 |
| | | |

**4. 耗材**

油泵油封、ATF 油、油泵橡胶垫。

## 职业知识

### 油泵的结构及作用

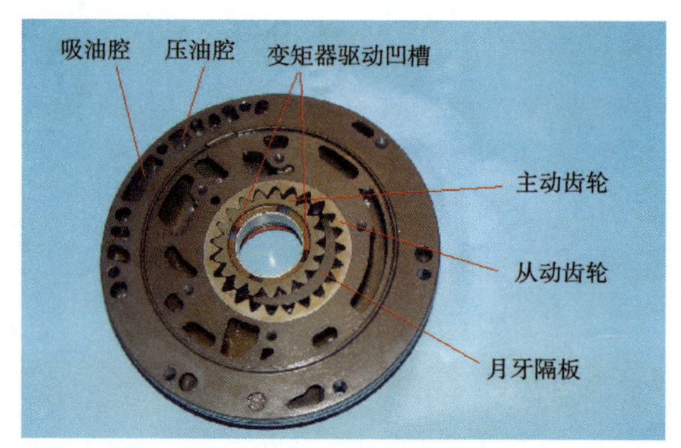


| 名称 | 作用 |
|---|---|
| 吸油腔 | 从油底壳吸入 ATF 油 |
| 压油腔 | 将吸入的油液压入变速器内部油道 |
| 变矩器驱动凹槽 | 与液力变矩器壳后端的轴套相连 |
| 主动齿轮 | 油泵动力的主要来源 |
| 从动齿轮 | 与主动轮相啮合进行泵油 |
| 月牙隔板 | 将工作腔分开成吸油腔和出油腔 |

视频

2-1 拆卸自动变速器油泵

## 步骤二：拆下自动变速器油泵

### 1. 拆装前准备

准备拆装工具、维修手册和自动变速器实训台架。

### 2. 拆装油泵总成

（1）使用 T45 扳手拆卸油泵固定螺栓，如图 2-1-1 所示。

（2）使用铁锤柄轻轻敲击油泵表面，使油泵弹出，如图 2-1-2 所示。

图 2-1-1　拆下油泵固定螺栓

图 2-1-2　取下油泵

（3）在两个带螺纹的螺栓孔，用两颗 M8 螺栓将油泵取出，如图 2-1-3 和图 2-1-4 所示。

图 2-1-3　找到 M8 螺栓孔

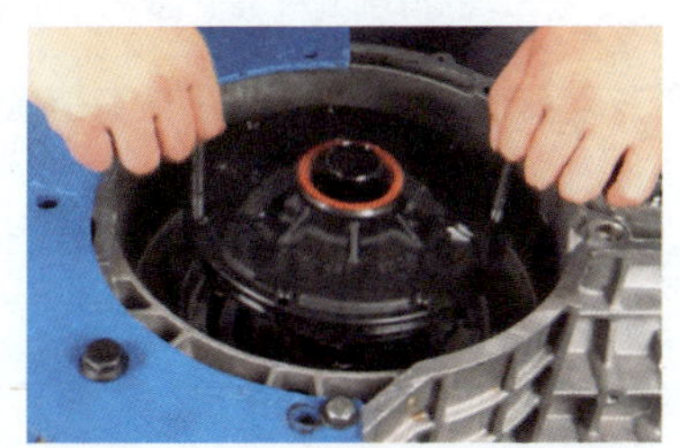

图 2-1-4　用 M8 螺栓将油泵取出

## 自动变速器组成示意图

- 发动机驱动液力变矩器壳体，液力变矩器壳体随着发动机的曲轴旋转，液力变矩器壳体驱动油泵小齿轮，油泵开始泵油

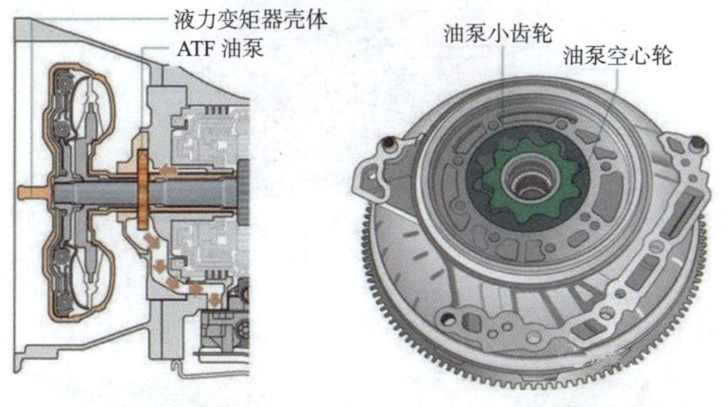


## 油泵的作用

- 油泵是液压控制系统的动力源，产生一定压力和流量的 ATF 油，为液力变矩器、液压控制系统和行星齿轮机构提供压力油

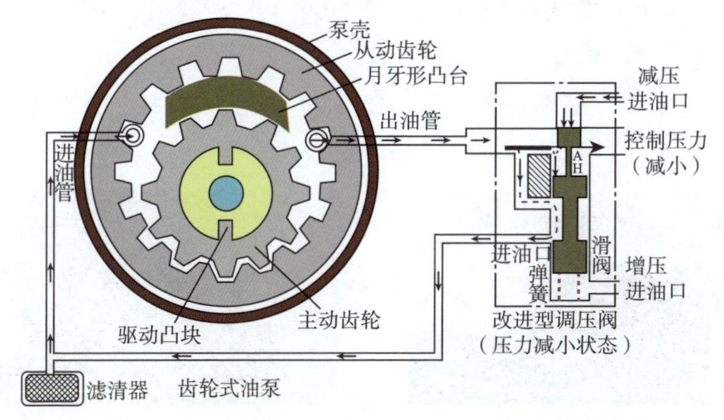




学习笔记

学习笔记

## 步骤三：分解自动变速器油泵

### 1. 拆下油泵油封

（1）将油泵密封垫取下，如图 2-1-5 所示。

图 2-1-5 取下油泵密封

（2）使用一字螺丝刀将油泵上的活塞撬出，并取下油泵密封圈，取下油泵活塞环，如图 2-1-6 和图 2-1-7 所示。

图 2-1-6 取下油泵密封圈

图 2-1-7 取下油泵活塞环

### 2. 分解油泵

使用 T30 扳手拆卸五个油泵导轮支架固定螺栓，并取下油泵导轮支架，如图 2-1-8 和图 2-1-9 所示。

图 2-1-8 拆下油泵导轮支架螺栓

图 2-1-9 取下导轮支架

**活塞环和止推垫片**

| 零件名称 | 止推垫片 | 活塞 |
|---|---|---|
| 安装位置 | | |
| 作用 | 起到调整间隙的作用防止油泵轴向窜动 | 在液压系统中起到密封的作用 |
| 检查项目 | 检查是否断裂，有无缺口 | 检查活塞环是否存在台阶，活塞环接口是否断裂，弹性是否正常 |

**活塞环和止推垫片**

| | | |
|---|---|---|
| 技术标准 | 油泵固定螺栓力矩 | 紧固 8 N·m+90° |
| | 油泵导轮支架螺栓 | 紧固 10 N·m+45° |
| 要求 | • 举升车辆后，必须落下保险后，再进入车下。<br>• 拆下放油螺栓时不应戴手套。<br>• 加油后需让变速器在各个挡位运行 10s 以上 | |

学习笔记

# 任务测评

## 一、知识测评

确定本任务关键词，按重要程度进行关键词排序并举例解读，然后根据自己对重要信息捕捉、排序、表达、创新和划分权重能力进行自评，满分 100 分，如表 2-1-2 所示。

表 2-1-2　拆卸油泵知识测评表

| 序号 | 关键词 | 举例解读 | 评分自定 |
| --- | --- | --- | --- |
| 1 | | | |
| 2 | | | |
| 3 | | | |
| 4 | | | |
| 5 | | | |
| 总分 | | | |

## 二、能力测评

对表 2-1-3 所列作业内容，操作规范即得分，操作错误或未操作即零分。

表 2-1-3　拆卸油泵能力测评表

| 序号 | 能力点 | 配分 | 得分 |
| --- | --- | --- | --- |
| 1 | 准备工作 | 10 | |
| 2 | 拆下油泵 | 25 | |
| 3 | 分解和组装油泵 | 30 | |
| 4 | 安装油泵 | 25 | |
| 5 | 上紧螺栓力矩 | 10 | |
| 总分 | | 100 | |

## 三、素养测评

对表 2-1-4 所列素养点，做到即得分，未做到即零分。

表 2-1-4　拆卸油泵素养测评表

| 序号 | 素养点 | 配分 | 得分 |
| --- | --- | --- | --- |
| 1 | 设备和工具安全检查 | 20 | |
| 2 | 车辆安全防护 | 20 | |
| 3 | 工具清洁校准存放 | 20 | |
| 4 | 工量辅具、零部件、油水液体“三不落地” | 20 | |
| 5 | 工位 5S | 20 | |
| 总分 | | 100 | |

## 四、拓展训练

（1）请列举出在拆装油泵的过程中易出现的问题，分析产生问题的原因并制定解决问题的措施。（满分 25 分）

（2）现发现，2007 款宝来 1.8 L/AT 轿车已行驶 80 000 km，出现起步无力，各个挡位行驶时感觉汽车明顿挫感，行驶无力，初步判断为自动变速器油泵故障。试制定油泵拆卸流程。（满分 25 分）

（3）如果说汽车变速器油是变速器的“血液”，那么汽车变速器油泵就是变速器的“心脏”。然而，不同厂家或不同型号的变速器使用的油泵会有所不同，每一种油泵的选择都是工程师们试验的成果。每一次试验都是对技术的更新。

请按下列思维导图格式（见图 2-1-10），对拆卸自动变速器油泵的学习过程进行总结，举例两个常用的变速器油泵，并列出与之匹配的变速箱型号，你觉得作为汽车研究人员应该具备什么样的优秀品质？选一个你认为最恰当的词语放到空格里。（满分 50 分）

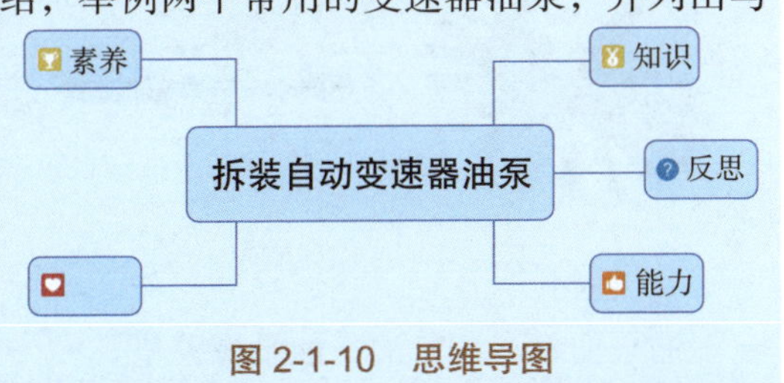


图 2-1-10　思维导图

学习笔记

# 任务二　检测自动变速器油泵

## 职业行动

### 步骤一：作业准备

**1. 作业场地**

选择带有消防设施的作业场地。

**2. 设备设施**

2007 款宝来 1.6 L/AT 轿车 01M 自动变速器油泵、手电筒、工具车、零件车、垃圾桶。

**3. 工量辅具**（见表 2-2-1）

表 2-2-1　检测油泵工量辅具

| 套筒扳手组合套具 | 抹布 | 台钳 |
|---|---|---|
| | | |
| **塞尺** | **预置力式扭力扳手** | **ATF 油** |
| | | |

**4. 耗材**

油泵油封、ATF 油、油泵橡胶垫。

## 职业知识

### 油泵间隙

| 齿顶间隙 | |
|---|---|
| • 主动齿齿顶与月牙隔板间隙 |  |
| **齿侧间隙** | |
| • 从动轮端面与油泵壳体之间的间隙 |  |

视频

2-2 油泵的分解

## 步骤二：拆下自动变速器油泵

### 检查油泵附件

（1）油泵的拆装与分解。

（2）检查活塞内外唇口是否有破损、开裂、划伤及橡胶老化问题，如图 2-2-1 所示。

（3）检查轴和轴套是否存在点蚀、划伤和偏磨，如图 2-2-2 所示。

图 2-2-1　检查活塞

图 2-2-2　检查轴和轴套

（4）检查活塞环是否存在台阶，活塞环接口是否断裂，如图 2-2-3 所示。

（5）检查油泵齿轮面是否有磨损，如图 2-2-4 所示。

图 2-2-3　检查活塞环

图 2-2-4　检查油泵齿轮面

| 端面间隙 | |
|---|---|
| • 主动齿轮和从动齿轮端面与导轮支架端面的间隙 |  |

| 油泵间隙 | |
|---|---|
| 齿顶间隙 | 标准范围 0.11 ～ 0.14 mm，最大值为 0.3 mm |
| 齿侧间隙 | 标准范围 0.07 ～ 0.15 mm，最大值 0.3 mm |
| 端面间隙 | 标准范围 0.02 ～ 0.05 mm，最大值为 0.1 mm |

学习笔记

学习笔记

（6）检查油泵密封环，油泵油封是否有破损、断裂和老化，见图 2-2-5 和图 2-2-6。

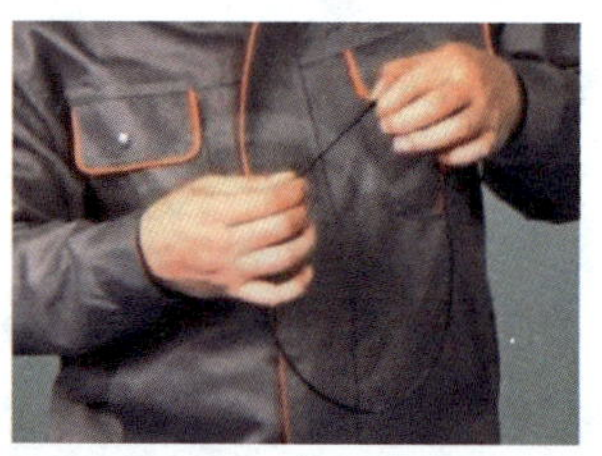

图 2-2-5　检查油泵密封环

图 2-2-6　检查齿轮泵

## 步骤三：油泵齿轮的测量

### 测量油泵间隙

（1）将油泵齿轮按回到原位，如图 2-2-7 所示。

（2）使用刀口尺压住齿轮上表面，如图 2-2-8 所示。

图 2-2-7　安装油泵齿轮

图 2-2-8　使用刀口尺

（3）选择合适尺度的厚薄规，测量齿轮端面间隙，如图 2-2-9 所示。

图 2-2-9　测量油泵端隙

| 测量油泵间隙方法及要求 | |
|---|---|
| • 放置刀口尺。将刀口尺的尺刃垂直放到油泵齿轮端面<br> | • 测量齿轮端面间隙。使用厚薄规时应从小尺寸逐步插入间隙<br> |
| • 测量油泵齿侧间隙。测量时应用手按住油泵从动轮，以防从动轮窜动影响测量结果<br> | • 测量内齿齿顶间隙。测量时应每隔 120° 测量一次，确保都能插入后再进行读数<br> |

（4）测量外齿基圆与壳体之间的间隙，如图 2-2-10 所示。

（5）测量内齿齿顶间隙，如图 2-2-11 所示。

图 2-2-10　测量油泵齿侧间隙

图 2-2-11　测量油泵齿顶间隙

| 油泵检测技术标准及要求 | | |
|---|---|---|
| 技术标准 | 油泵导轮支架螺栓 | 10 N・m+45° |
| | 油泵紧固螺栓 | 8 N・m+90° |
| 要求 | • 油泵取出时，要确保做好标记，便于安装。<br>• 油泵清洗后应用吹尘枪吹干净 | |

学习笔记

学习笔记

# 任务测评

## 一、知识测评

确定本任务关键词，按重要程度进行关键词排序并举例解读，然后根据自己对重要信息捕捉、排序、表达、创新和划分权重能力进行自评，满分 100 分，如表 2-2-2 所示。

表 2-2-2　检测自动变速器油泵知识测评表

| 序号 | 关键词 | 举例解读 | 评分自定 |
|---|---|---|---|
| 1 | | | |
| 2 | | | |
| 3 | | | |
| 4 | | | |
| 5 | | | |
| 总分 | | | |

## 二、能力测评

对表 2-2-3 所列作业内容，操作规范即得分，操作错误或未操作即零分。

表 2-2-3　检测自动变速器油泵能力测评表

| 序号 | 能力点 | 配分 | 得分 |
|---|---|---|---|
| 1 | 准备工作 | 10 | |
| 2 | 油泵各零部件检查 | 25 | |
| 3 | 油泵零件间隙检查 | 25 | |
| 4 | 油泵间隙测量记录 | 25 | |
| 5 | 工具的使用 | 15 | |
| 总分 | | 100 | |

## 三、素养测评

对表 2-2-4 所列素养点，做到即得分，未做到即零分。

表 2-2-4　检测自动变速器油泵素养测评表

| 序号 | 素养点 | 配分 | 得分 |
|---|---|---|---|
| 1 | 设备和工具安全检查 | 20 | |
| 2 | 车辆安全防护 | 20 | |
| 3 | 工具清洁校准存放 | 20 | |
| 4 | 工量辅具、零部件、油水液体“三不落地” | 20 | |
| 5 | 工位 5S | 20 | |
| 总分 | | 100 | |

## 四、拓展训练

（1）请列举出在拆装油泵的过程中易出现的问题，分析产生问题的原因并制定解决问题的措施。（满分 25 分）

（2）现发现，2007 款宝来 1.8 L/AT 轿车已行驶 80 000 km，出现起步无力，各个挡位行驶时感觉汽车明顿挫感，行驶无力，初步判断为自动变速器油泵故障。试制定油泵拆卸流程。（满分 25 分）

（3）耐心是一切聪明才智的基础，检测油泵的工作是最考验一个人耐心的工作。但是油泵的种类很多，不仅需要大家耐心地检查，而且还需要大家有积极肯学的精神。

请按下列思维导图格式（见图 2-2-12），对检测自动变速器油泵的学习过程进行总结，面对这几种油泵的测量，在测量方法上有什么相同之处，把它们列举出来。如果你是汽车维修店的经理，希望你手下的维修工应具备什么样的职业精神？选取一个你认为最合适的词汇填到思维导图的空格里。（满分 50 分）

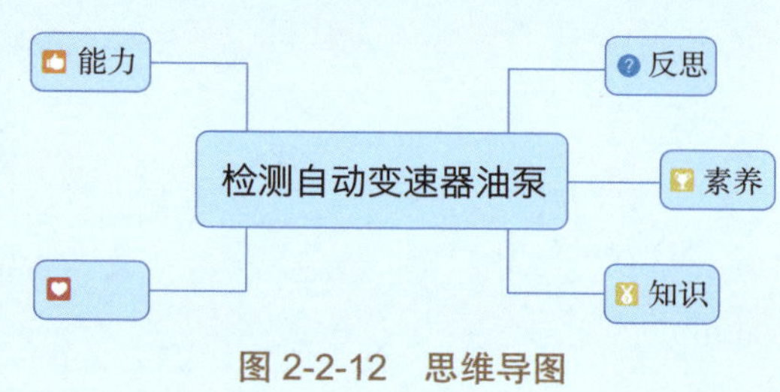


图 2-2-12　思维导图

学习笔记

# 任务三　安装自动变速器油泵

## 职业行动

### 步骤一：作业准备

**1. 作业场地**

选择带有消防设施的作业场地。

**2. 设备设施**

2007 款宝来 1.6 L/AT 轿车 01M 自动变速器油泵、手电筒、工具车、零件车、垃圾桶。

**3. 工量辅具**（见表 2-3-1）

表 2-3-1　安装自动变速器油泵工量辅具

| 套筒扳手组合套具 | 抹布 | 台钳 |
| --- | --- | --- |
| 内六角扳手 | 预置力式扭力扳手 | ATF 油 |

**4. 耗材**

油泵油封、ATF 油、油泵橡胶垫。

## 职业知识

### 液压控制系统工作过程

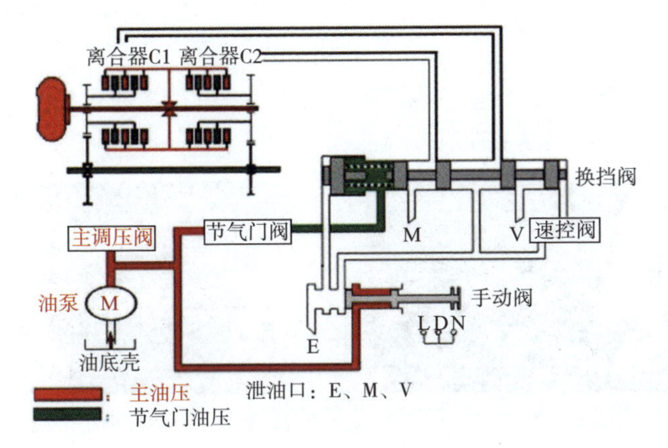


| 序号 | 步骤 |
| --- | --- |
| 1 | ATF 油液从油底壳进入油泵 |
| 2 | 经过油泵工作加压，形成一定压力的液压油 |
| 3 | 液压油经主油压调压阀调节后形成主油压 |
| 4 | 主油压经过换挡控制阀、缓冲控制阀等调节控制后形成工作油压 |
| 5 | 工作油压作用在换挡执行元件离合器上实现各挡位的工作 |

视频 

2-3 安装自动变速器油泵

学习笔记

## 步骤二：安装自动变速器油泵

### 1. 安装油封

（1）将活塞环安装在固定位置，如图 2-3-1 所示。

图 2-3-1　安装活塞环

（2）将油泵活塞安装至固定位置，并安装油泵密封圈，如图 2-3-2 和图 2-3-3 所示。

图 2-3-2　安装活塞

图 2-3-3　安装油泵密封圈

### 2. 组装油泵

（1）将油泵齿轮浸入 ATF 油后进行安装，油泵内齿轮安装是浅槽在下，如图 2-3-4 和图 2-3-5 所示。

图 2-3-4　安装油泵从动轮

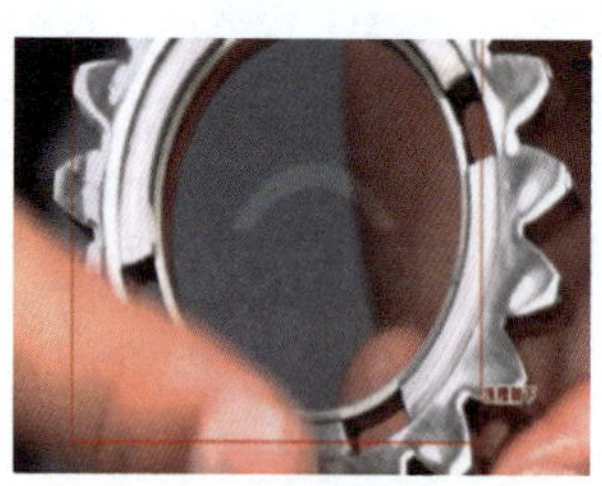
图 2-3-5　安装油泵主动轮

## 液压控制系统基本组成

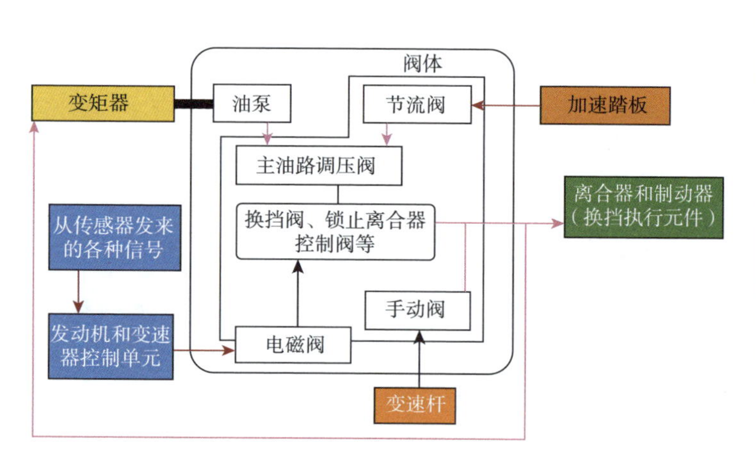


## 液压控制系统基本组成

| 零件名称 | 功用 |
|---|---|
| 变矩器 | 为油泵提供动力 |
| 油泵 | 为系统提供液压油 |
| 主油路调压阀 | 用来调节油泵输入的油压，使油压控制在稳定范围内 |
| 加速踏板 | 控制节流阀 |
| 电磁阀 | 根据控制单元的信号控制阀体内部滑阀 |

（2）使用 T30 扳手安装 5 个油泵导轮支架螺栓，如图 2-3-6 所示。

图 2-3-6　安装油泵导轮支架螺栓

（3）将油泵密封圈按原位置安装好，并在油泵上安装两颗 M8 螺栓，如图 2-3-7 和图 2-3-8 所示。

图 2-3-7　安装油泵密封圈

图 2-3-8　安装 M8 螺栓

### 3. 安装油泵总成

将油泵总成安装到变速箱壳体上，如图 2-3-9 和图 2-3-10 所示。

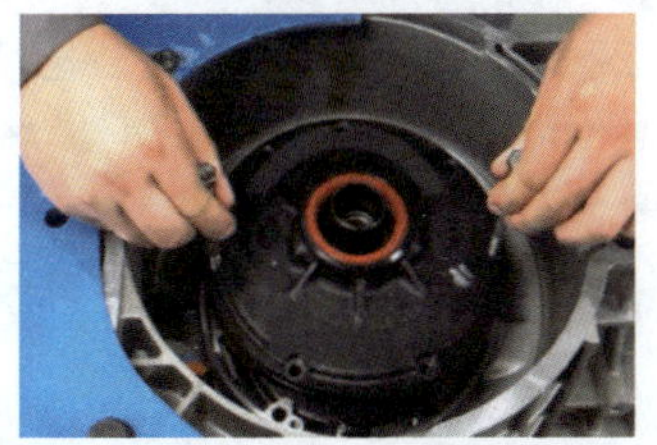
图 2-3-9　安装油泵

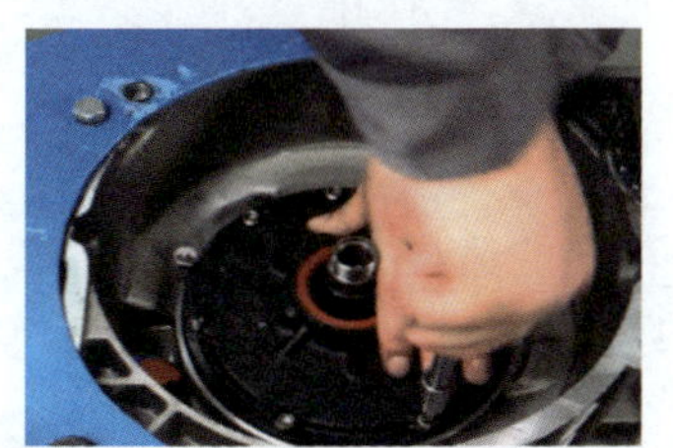
图 2-3-10　安装油泵固定螺栓

| 液压控制系统基本组成 | |
|---|---|
| 驱动方式 | 当小齿轮被变矩器驱动旋转时，带动内齿轮转动 |
| 安装位置 | 油泵位置 |
| 组成 | 前泵体　从动齿轮　主动齿轮　泵盖<br>主动齿轮　从动齿轮 |
| 特点 | • 具有尺寸小、重量轻、流量脉动小和噪声低等特点 |
| 吸油和出油方式 | • 吸油是随着齿轮退出啮合局部形成真空所致。<br>• 出油是由于齿轮进入啮合，工作容积减少，压力增加所致 |

学习笔记

学习笔记

# 任务测评

## 一、知识测评

确定本任务关键词，按重要程度进行关键词排序并举例解读，然后根据自己对重要信息捕捉、排序、表达、创新和划分权重能力进行自评，满分 100 分，如表 2-3-2 所示。

表 2-3-2　安装自动变速器油泵知识测评表

| 序号 | 关键词 | 举例解读 | 评分自定 |
|---|---|---|---|
| 1 | | | |
| 2 | | | |
| 3 | | | |
| 4 | | | |
| 5 | | | |
| 总分 | | | |

## 二、能力测评

对表 2-3-3 所列作业内容，操作规范即得分，操作错误或未操作即零分。

表 2-3-3　安装自动变速器油泵能力测评表

| 序号 | 能力点 | 配分 | 得分 |
|---|---|---|---|
| 1 | 准备工作 | 10 | |
| 2 | 安装活塞环、调整垫片 | 25 | |
| 3 | 组装油泵 | 30 | |
| 4 | 安装油泵 | 25 | |
| 5 | 上紧螺栓力矩 | 10 | |
| 总分 | | 100 | |

## 三、素养测评

对表 2-3-4 所列素养点，做到即得分，未做到即零分。

表 2-3-4　安装自动变速器油泵素养测评表

| 序号 | 素养点 | 配分 | 得分 |
|---|---|---|---|
| 1 | 设备和工具安全检查 | 20 | |
| 2 | 车辆安全防护 | 20 | |
| 3 | 工具清洁校准存放 | 20 | |
| 4 | 工量辅具、零部件、油水液体“三不落地” | 20 | |
| 5 | 工位 5S | 20 | |
| 总分 | | 100 | |

## 四、拓展训练

（1）请列举出在拆装油泵的过程中易出现的问题，分析产生问题的原因并制定解决问题的措施。（满分 25 分）

（2）现发现，2007 款宝来 1.8 L/AT 轿车已行驶 80 000 km，出现起步无力，各个挡位行驶时感觉汽车明顿挫感，行驶无力，初步判断为自动变速器油泵故障。试制定油泵拆卸流程。（满分 25 分）

（3）只有细心地工作才能发现问题，在安装自动变速器油泵的过程中也是一样，当我们细心地安装油泵时，就会发现为什么这种变速器会使用此类油泵，就会发现每种变速器的特点和创造性。

请按下列思维导图格式（见图 2-3-11），对安装自动变速器油泵的学习过程进行总结，你认为安装油泵时什么职业品质最重要？选取一个合适的词汇填到思维导图的空格里，并说明依据。列举出在安装油泵过程中发现的问题。（满分 50 分）

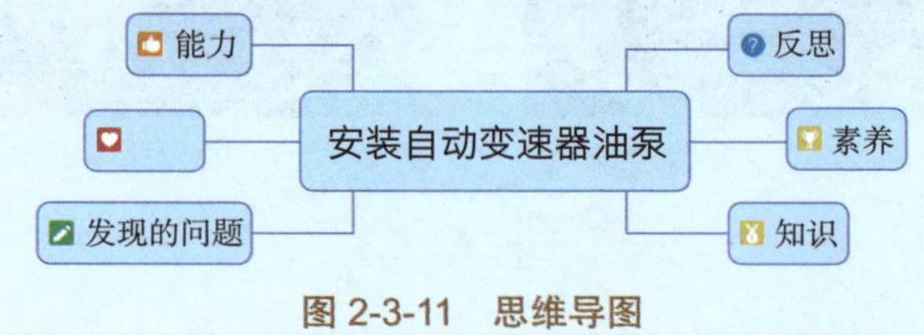


图 2-3-11　思维导图



小故障大问题

学习笔记

# 学习考评

## 一、考评项目

根据所学，请对 2019 款宝来 1.6 L 运动版自动变速器油泵进行检测。

## 二、实施准备

### 1. 学生准备

学生在按照教学进度计划，已经完成了以下学习任务并达到 75 分以上，可进行该学习考评的实施。

（1）理解并完成学习考评需要的相关知识和方法的学习，得分大于 75 分。

（2）运用学习考评需要的相关知识和方法进行作业，得分大于 75 分。

（3）按时、按质、按量完成相应作业，得分大于 80 分。

（4）具有自觉遵守技术标准和要求规定、规范操作、安全、环保、5S 作业、团结协作的好习惯，得分大于 80 分。

（5）能制定 2019 款宝来 1.6 L 运动版自动变速器油泵检测流程。

### 2. 教师准备

（1）在安排学生实施学习考评前，通过课堂问题研讨、作业、实训和考核及其他方式，确认学生已经具备了实施学习考评所需的知识、技能和素养，并确保学生在安全状态下独立进行。

（2）对协助教师进行测评的学生进行测评和监督方法的培训，确保测评结果的准确性和公平性。

## 三、验证方法与标准

（1）每位测评人员负责对两名学生进行定点、全过程的监控和测评。

（2）详细记录学生在实施学习考评过程中的相关信息、数据、结果、操作方法、完成时间，以及出现错误、事故等情况。

（3）学习考评的作业过程和数据记录等，要求在 60 分钟内完成，时间不足，可在即将结束时，口述剩余部分的作业方法。

（4）考核内容及标准如下表所示。

| 序号 | 作业项目 | 考核内容 | 考核标准 | 配分 | 得分 |
|---|---|---|---|---|---|
| 1 | 自动变速器油泵检查 | 油泵密封圈检查 | 检查流程错误扣 10 分 | 30 | |
| | | 油泵活塞检查 | 检查流程错误扣 10 分 | | |
| | | 油泵止推垫圈检查 | 检查流程错误扣 10 分 | | |
| 2 | 查阅资料 | 正确查阅检修资料 | 未查阅或查阅不正确扣 25 分 | 25 | |
| 3 | 自动变速器油泵间隙检查 | 选择正确的工具 | 选择错误扣 5 分 | 30 | |
| | | 齿顶间隙检查 | 使用方法错误扣 5 分 | | |
| | | 齿轮端面检查 | 检测步骤错误扣 5 分 | | |
| | | 内齿轮与泵体间隙 | 检测结果错误扣 5 分 | | |
| | | 操作熟练 | 操作不熟练扣 5 分 | | |
| 4 | 安全文明生产 | 遵守规程、安全生产 | 每违犯一项扣 1 分直至扣完 | 15 | |
| | | 因违犯操作规程造成事故 | 因违规操作发生重大人身或设备事故，此题按 0 分计 | | |
| 总分 | | | | 100 | |

## 四、考评报告

**说明：**考评分为理论考评和实操考评，理论考评根据项目要求以及考评模板格式制定项目实施方案，方案经老师审核合格后，方可进行实操考评。考评报告模板详见附录 A。

## 拓展阅读

### 思维导图与汽车医生

面对故障现象，汽车医生的手段同样是望闻问切，望什么？闻什么？问什么？切什么？不同的汽车医生会有所不同，这其中就是诊断思维的不同。诊断思维是汽车医生水平提升的最核心功夫，因此，汽车维修能力培养，首要的就是诊断思维训练。

**故障现象：**

汽车行驶过程中，升挡车速明显高于标准值，升挡前发动机转速偏高，必须采用松节气门提前升挡操作，才能使自动变速器升入高挡或超速挡。

**可能的故障原因：**

选挡杆与手动阀之间的连接松动，手动阀保持在空挡位置；油泵滤网堵塞；主油路严重堵塞；油泵损坏。

**故障诊断过程：**

（1）检查自动变速器操纵手柄与手动阀摇臂之间的连杆或拉索有无松脱。如果有松脱，予以装复，并重新调整好操纵手柄位置。

（2）拆下主油路测压孔上的螺塞，启动发动机，将操纵手柄拨至前进挡或倒挡位置，检查测压口内有无油液流出。

（3）若主油路测压孔内没有液压油流出，应打开油底壳，检查手动阀摇臂轴与摇臂之间有无松脱，手动阀阀芯有无折断或脱钩。若手动阀工作正常，则说明油泵损坏，更换油泵。

（4）若主油路测压孔内只有少量液压油流出、油压很低或基本没有油压，应打开油底壳，检查油泵进油滤网有无堵塞。若无堵塞，说明油泵损坏或主油路严重堵塞，对此，应拆解自动变速器，予以修理。

（5）若冷车启动时主油路有一定的油压，但热车后油压明显降低，说明油泵磨损过甚，对此，予以更换油泵。

（6）若测压孔内有大量液压油喷出，说明主油路油压正常，故障应处在自动变速器输入油、行星排或输出油。

**思考：**用思维导图画出上述故障诊断过程，进一步思考还有什么可能性。

学习笔记

学习笔记

# 项目三　检修液力变矩器

## 一、项目描述

完成 2007 款宝来 1.6 L/AT 轿车液力变矩器检修作业。

## 二、项目要求

符合 2007 款宝来 1.6 L/AT 轿车行驶 65 000 km 技术要求与标准，正确使用工具，完成如下检修作业：

（1）检测液力变矩器。

（2）失速试验。

## 三、学习目标

（1）准确描述液力变矩器的基本组成和工作。

（2）准确描述检测液力变矩器的方法。

（3）准确描述失速试验的检测方法。

（4）规范地对液力变矩器进行检测作业。

（5）规范地对汽车进行失速试验作业。

（6）养成自觉遵守技术标准和相关规定（包括规范操作、安全、环保、5S 作业等要求）的好习惯。

（7）树立人车安全的汽修人责任意识。

（8）认识到专研就是创新。

## 四、学习载体

现有一辆 2007 款宝来 1.6 L/AT 轿车轿车，装有 01M 自动变速器，该车行驶里程为 65 000 km。驾驶员反映这辆车在行驶过程中不能提速，出现了只能以 50 km/h 的速度行驶、油耗增加的现象。经检查售后服务顾问告知车主需要对本车液力变矩器进行检查，并进行失速试验。下图所示为 2007 宝来 1.6 L/AT 轿车 01M 自动变速器油泵。

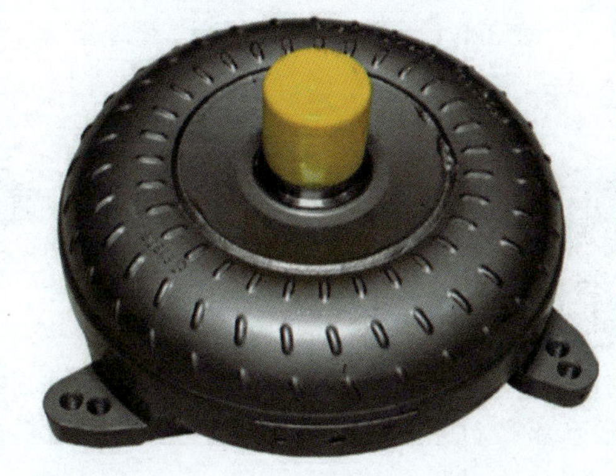

学习笔记

学习笔记

# 任务一　检测液力变矩器

## 职业行动

### 步骤一：作业准备

**1. 作业场地**

选择带有消防设施的作业场地。

**2. 设备设施**

2007 款宝来 1.6 L/AT 轿车液力变矩器、百分表、工具车、零件车、垃圾桶。

**3. 工量辅具**（见表 3-1-1）

表 3-1-1　液力变矩器检测工量辅具

| 套筒扳手组合套具 | 抹布 | 百分表 |
|---|---|---|
| | | |
| **百分表支架** | **工作台** | **ATF 油** |
| | | |

**4. 耗材**

油泵油封、ATF 油、油泵橡胶垫。

## 职业知识

### 液力变矩器的结构

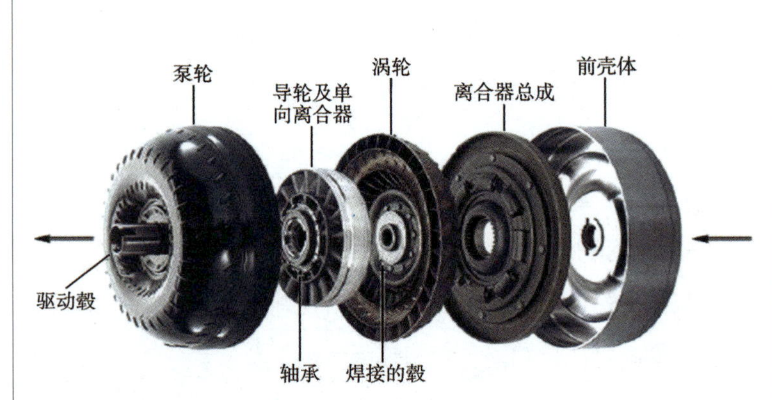


### 液力变矩器的结构

| 主要部件 | 结构图 | 功用 |
|---|---|---|
| 单向离合器 | | 单向离合器的功用是实现导轮的单向锁止，即在一个方向可以旋转，另一个方向则不能转动 |

视频

3-1 检测液力变矩器

汽车医生要把紧固一个螺钉当作一生的责任

## 步骤二：检查液力变矩器的外部

（1）目视检查液力变矩器的外部有无损坏和裂纹。

（2）目视检查油泵驱动毂外部有无磨损、缺口有无损伤。若有异常应更换液力变矩器。

## 步骤三：单向离合器的检查

（1）单向离合器的检查如图 3-1-1 所示。用专用工具插入油泵驱动毂和单向离合器外座圈的槽口中。

（2）用手指压住单向离合器的内座圈并转动。

（3）检查是否顺时针转动平稳而逆时针方向锁止。

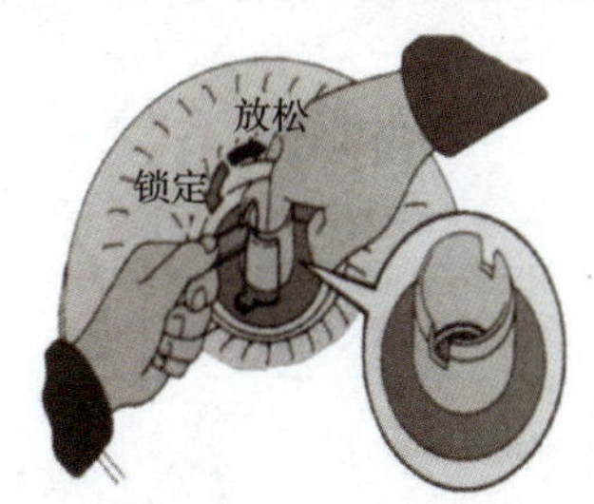

图 3-1-1　检查单向离合器

（4）如果单向离合器损坏，则需要更换液力变矩器总成。

## 步骤四：导轮和泵轮之间的干涉检查

（1）将油泵放在台架上进行检查（见图 3-1-2），并把液力变矩器安装在油泵上。

（2）旋转液力变矩器使液力变矩器的油泵驱动毂与油泵主动部分接合好。

（3）固定住油泵并逆时针转动液力变矩器。如果转动不顺畅或有噪声，则更换液力变矩器。

图 3-1-2　检查导轮和泵轮之间的干涉

续表

| 主要部件 | 结构图 | 功用 |
|---|---|---|
| 导轮 | | 导轮是液力变矩器的反应元件，位于泵轮和涡轮之间，其上也装有许多弯曲的叶片，通过单向离合器单方向固定在导轮轴或导轮套管上。因此，导轮只能向一个方向自由转动，可以在汽车起步和低速行驶时，增大变速器的输入扭矩 |
| 泵轮 | | 泵轮位于液力变矩器的后端与液力变矩器壳体刚性连接，变矩器壳体总成用螺栓固定于发动机曲轴后端，随发动机曲轴一起旋转。因此，泵轮是液力变矩器的输入元件，将发动机的机械能转变为 ATF 的液力能以驱动涡轮旋转 |
| 涡轮 | | 涡轮位于泵轮前方，涡轮通过花键孔与自动变速器的输入轴相连，是液力变矩器的输出元件。涡轮上也装有弯曲方向与泵轮叶片相反的叶片，其叶片与泵轮叶片相对放置 |
| 锁止离合器 | | 使变矩器输入轴与输出轴刚性连接，提高传动效率，提高汽车在正常行驶时的燃油经济性，并防止 ATF 过热 |

学习笔记

## 步骤五：测量涡轮

（1）将液力变矩器与飞轮连接侧朝下放在台架上。

（2）装入油泵总成，确保液力变矩器油泵驱动毂与油泵主动部分接合好。

（3）把变速器输入轴（涡轮轴）插入涡轮轮毂中（见图 3-1-3），使油泵和液力变矩器保持不动。

（4）顺时针、逆时针反复转动涡轮轴。如果转动不顺畅或有噪声，则更换液力变矩器。

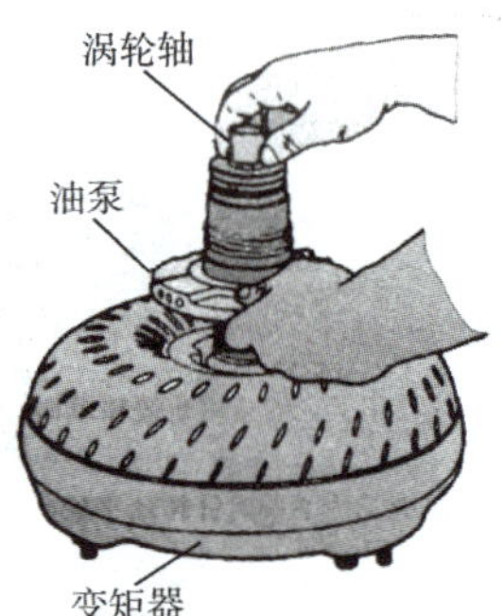

图 3-1-3 测量涡轮

## 步骤六：液力变矩器轴套径向跳动检查

（1）将液力变矩器所在位置做个标记，暂时装到飞轮上。

（2）用百分表检查变矩器轴套的径向跳动误差，如图 3-1-4 所示。

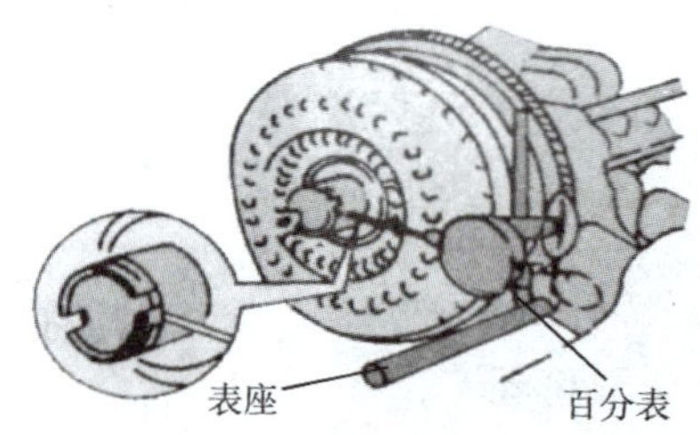

图 3-1-4　测量轴套径向跳动

（3）如果径向跳动超过 0.30 mm，则重新调整液力变矩器的安装方位。

## 单项离合器

| 分类 | 滚柱式单向离合器结构 | 楔块式单向离合器结构 |
|---|---|---|
| 结构 | 外座圈　滚柱　内座圈　弹簧　锁止 | 外座圈　楔块　内座圈　锁止 |
| 工作原理 | • 滚柱式单向离合器由外座圈、内座圈、滚柱和弹簧等组成。<br>• 当外座圈相对于内座圈顺时针转动时，滚柱在摩擦力作用下克服弹簧弹力作用向楔形槽较宽的一侧移动，外环相对于内环可自由滑转，单向离合器出现打滑现象，处于自由状态。<br>• 当外座圈相对于内座圈顺时针转动时，情况与上述相反，外圈座被卡死，不能旋转 | • 斜楔式单向离合器由外座圈、内座圈、斜楔块、片状弹簧及保持架等组成。<br>• 当外圈座顺时针旋转时，由于楔块的尺寸大于内、外座圈之间的尺寸，所以外圈座被卡死。<br>• 当内圈座逆时针旋转时，由于楔块的尺寸小于内、外座圈之间的尺寸，所以外圈座自由旋转 |



汽车医生要把紧固一个螺钉当作一生的责任

学习笔记

# 任务测评

## 一、知识测评

确定本任务关键词，按重要程度进行关键词排序并举例解读，然后根据自己对重要信息捕捉、排序、表达、创新和划分权重能力进行自评，满分100分，如表3-1-2。

表3-1-2　检测液力变矩器知识测评表

| 序号 | 关键词 | 举例解读 | 评分自定 |
|---|---|---|---|
| 1 | | | |
| 2 | | | |
| 3 | | | |
| 4 | | | |
| 5 | | | |
| 总分 | | | |

## 二、能力测评

对表3-1-3所列作业内容，操作规范即得分，操作错误或未操作即零分。

表3-1-3　检测液力变矩器能力测评表

| 序号 | 能力点 | 配分 | 得分 |
|---|---|---|---|
| 1 | 准备工作 | 10 | |
| 2 | 检查液力变矩器的外部 | 15 | |
| 3 | 单向离合器 | 15 | |
| 4 | 导轮和涡轮之间的干涉检查 | 15 | |
| 5 | 导轮和泵轮之间的干涉检查 | 15 | |
| 6 | 液力变矩器轴套径向跳动检查 | 30 | |
| 总分 | | 100 | |

## 三、素养测评

对表3-1-4所列素养点，做到即得分，未做到即零分。

表3-1-4　检测液力变矩器素养测评表

| 序号 | 素养点 | 配分 | 得分 |
|---|---|---|---|
| 1 | 设备和工具安全检查 | 20 | |
| 2 | 车辆安全防护 | 20 | |
| 3 | 工具清洁校准存放 | 20 | |
| 4 | 工量辅具、零部件、油水液体“三不落地” | 20 | |
| 5 | 工位5S | 20 | |
| 总分 | | 100 | |

## 四、拓展训练

（1）请列举出在检测液力变矩器的过程中易出现的问题，分析产生问题的原因并制定解决问题的措施。（满分25分）

（2）现发现，2007款宝来1.8 L/AT轿车已行驶80 000 km，汽车在驶过程中不能提速，出现了行驶时油耗增加的现象。初步判断为液力变矩器故障。试制定变矩器检测流程。（满分25分）

（3）在对汽车进行检修排故的过程中，要向医生对待病人一样，患者找医生看病是对医生的信任，车主也是一样，把车交到维修人员手中也是对维修人员的信任，所以一定要对被修车辆负责，不能辜负了这份信任。

请按下列思维导图格式（见图3-1-5），对检测液力变矩器的学习过程进行总结，举例说出五个医生和汽车维修人员职业上的相同点，把你认为最重要的职业特点填到下方思维导图的空格处。（满分50分）

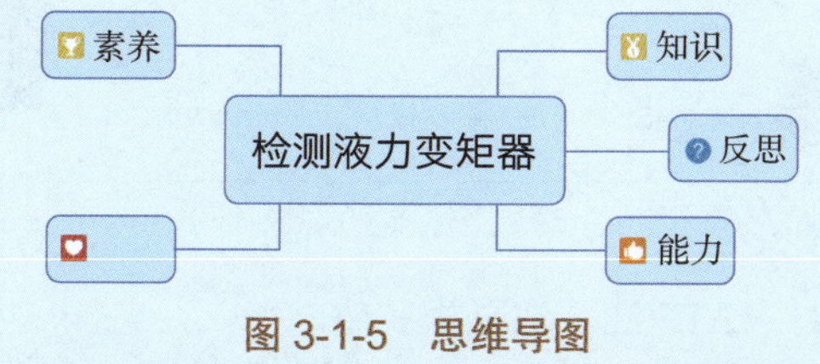


图3-1-5　思维导图

学习笔记

# 任务二　失速试验

## 职业行动

### 步骤一：作业准备

1. 作业场地

选择带有消防设施的作业场地。

2. 设备设施

2007 款宝来 1.6 L/AT 轿车、工具车、零件车、垃圾桶。

3. 工量辅具（见表 3-2-1）

表 3-2-1　失速试验工量辅具

| 套筒扳手组合套具 | 抹布 | 车轮挡块 |
|---|---|---|
| | | |
| 百分表支架 | 工作台 | ATF 油 |
| | | |

4. 耗材

油泵油封、ATF 油、油泵橡胶垫。

## 职业知识

### 锁止离合器的结构

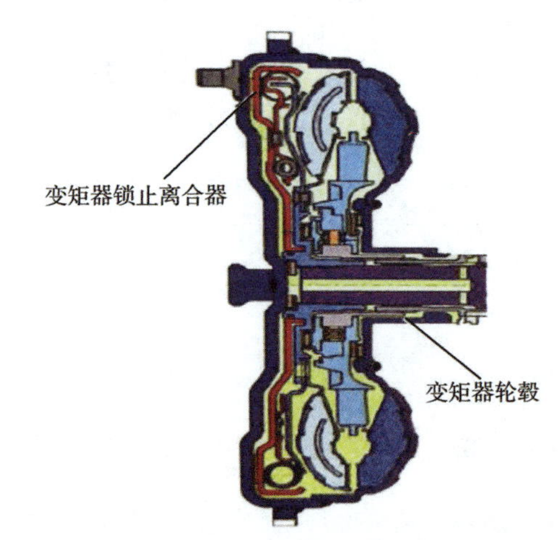


| 活塞 | 扭转弹簧 | 压盘 |
|---|---|---|
| | | |

视频

3-2 失速试验

## 步骤二：失速实验

### 1. 准备工作

（1）保证发动机油温在正常的工作油温下。

（2）用挡块将车的四个轮胎固定住，如图 3-2-1 所示。

（3）踩下制动踏板并拉紧驻车制动杆，如图 3-2-2 和图 3-2-3 所示。

图 3-2-1　用挡块固定轮胎

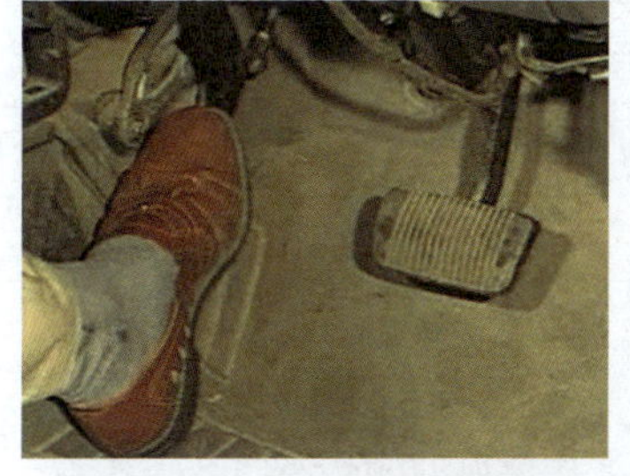
图 3-2-2　准备踩制动踏板

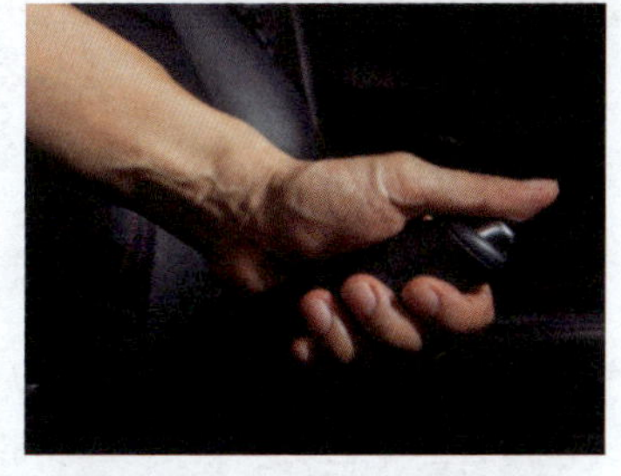
图 3-2-3　拉紧驻车制动杆

### 2. 开始失速实验

（1）打开点火开关，踩下制动踏板，如图 3-2-4 所示。

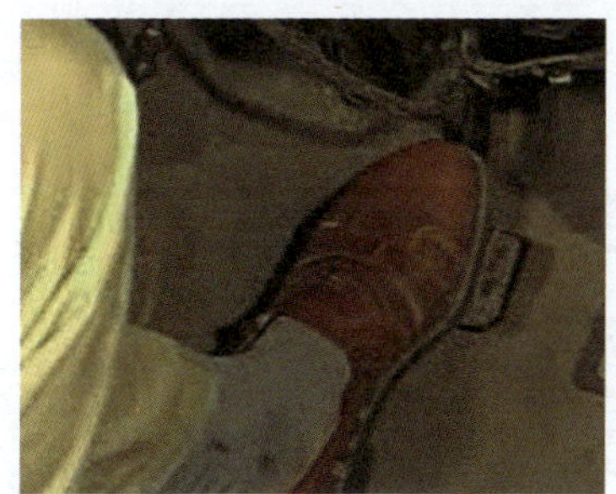
图 3-2-4　踩制动踏板

## 锁止离合器工作原理

接合状态

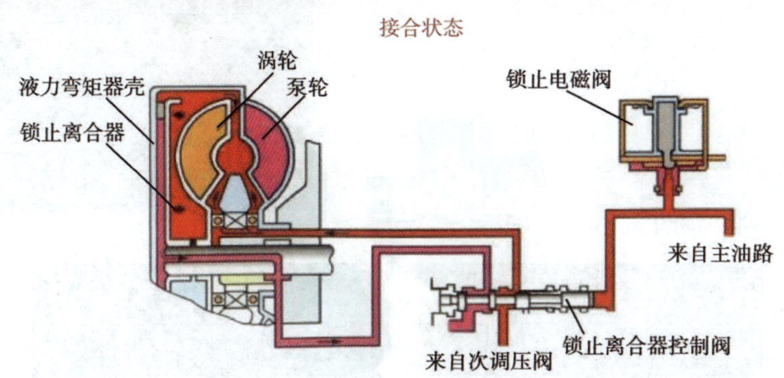


- 当车速、节气门开度等因素满足锁止条件时，控制计算机向锁止电磁阀发出电信号。
- 电磁阀的泄油孔关闭，使作用于锁止离合器右端的控制油压上升，滑阀左移。
- 锁止离合器活塞左侧的液压油经锁止离合器控制阀泄空。
- 活塞右侧的液力变矩器油压将活塞压紧在液力变矩器壳上，使锁止离合器处于“结合状态”

分离状态

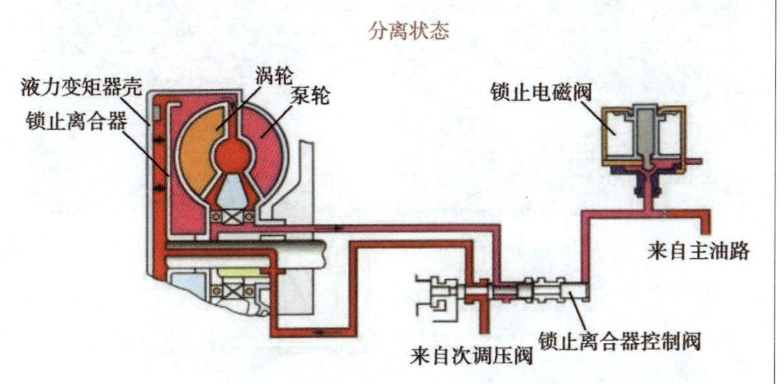


学习笔记

学习笔记

(2)将挡杆挂到D挡位，如图3-2-5所示。

图 3-2-5　挂到 D 挡

(3) 踩下加速踏板并读取发动机转速，记下转速值，如图 3-2-6 和图 3-2-7 所示。

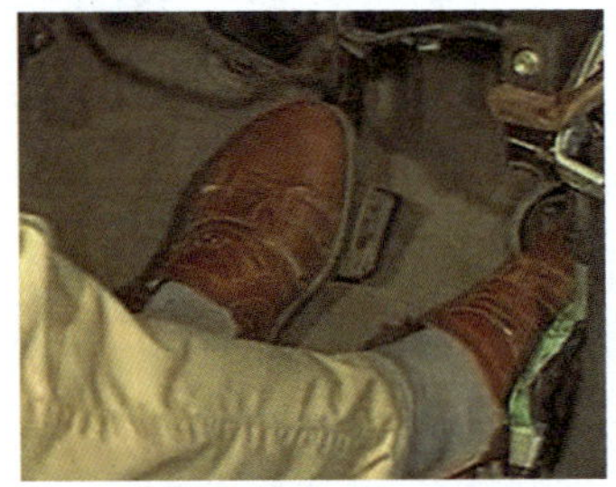

图 3-2-6　踩下加速踏板

图 3-2-7　发动机转速表

(4) 将挡杆放置 R 挡，重复上述操作，如图 3-2-8 和图 3-2-9 所示。

图 3-2-8　挂入 R 挡

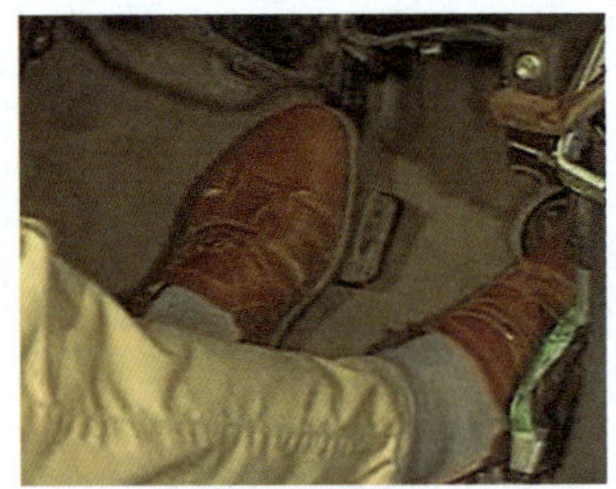

图 3-2-9　踩下加速踏板和制动踏板

(5) 将挡杆放入其余挡位，重复上述工作。对照维修手册的失速转速值，与实际测量值进行对比。当发动机转速低于规定值时，说明单向离合器打滑。

续表

| |
|---|
| • 主油路的压力油经节流口作用在锁止离合器控制阀的右端，锁止离合器控制阀的左端作用弹簧弹力。<br>• 当车速、节气门开度等因素未达到锁止条件时，锁止电磁阀不通电，电磁阀的泄油孔开启。<br>• 使作用在锁止离合器控制阀右端的控制油压下降，滑阀在弹簧力的作用下右移。<br>• 来自次调压阀的压力油经锁止离合器控制阀同时作用于液力变矩器内锁止离合器活塞的两侧，从而使锁止离合器处于“分离状态” |

| 液力变矩器的工作特性 | |
|---|---|
| **扭矩放大特性** | |
| 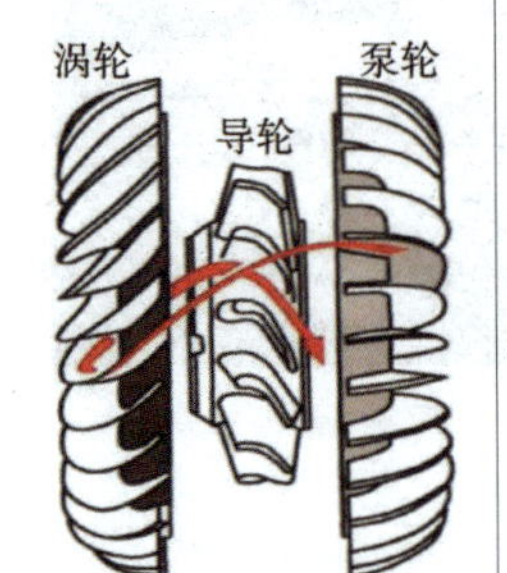 | • 如左图所示，此时泵轮与涡轮的转速差较大。<br>• 涡轮甩出的油液液流冲击导轮叶片的正面。<br>• 导轮在单向离合器的作用下固定不动。<br>• 导轮叶片使液流的流动方向发生变化，将液流改变方向，使液流对涡轮叶片背面进行冲击。<br>• 导轮的作用增大了涡轮的输出扭矩，扭矩的放大倍数一般为 2.2 倍 |
| **耦合工作特性** | |
| 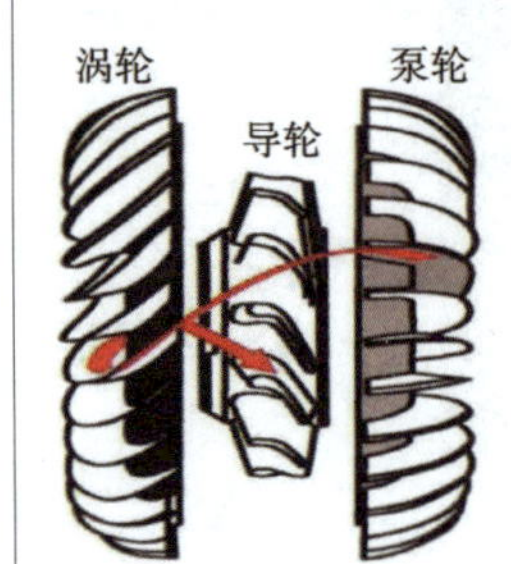 | • 如左图所示，此时泵轮与涡轮的转速差较小。<br>• 液流冲击导轮叶片背面。<br>• 单向离合器不再起作用，导轮自由转动，液流直接穿过导轮叶片流入泵轮。<br>• 此时液力变矩器进入耦合工作区，只传递扭矩而不改变扭矩的大小。<br>• 流动的油液受到的作用力较小，可提高传动效率 |

学习笔记

# 任务测评

## 一、知识测评

确定本任务的关键词，按重要程度进行关键词排序并举例解读，然后根据自己对重要信息捕捉、排序、表达、创新和划分权重能力进行自评，满分 100 分，如表 3-2-2 所示。

表 3-2-2　失速试验知识测评表

| 序号 | 关键词 | 举例解读 | 评分自定 |
|---|---|---|---|
| 1 | | | |
| 2 | | | |
| 3 | | | |
| 4 | | | |
| 5 | | | |
| 总分 | | | |

## 二、能力测评

对表 3-2-3 所列作业内容，操作规范即得分，操作错误或未操作即零分。

表 3-2-3 失速试验能力测评表

| 序号 | 能力点 | 配分 | 得分 |
|---|---|---|---|
| 1 | 准备工作 | 20 | |
| 2 | 失速实验操作 | 30 | |
| 3 | 失速试验转速测量 | 20 | |
| 4 | 失速试验结果判断 | 30 | |
| 总分 | | 100 | |

## 三、素养测评

对表 3-2-4 所列素养点，做到即得分，未做到即零分。

表 3-2-4　失速试验素养测评表

| 序号 | 素养点 | 配分 | 得分 |
|---|---|---|---|
| 1 | 设备和工具安全检查 | 20 | |
| 2 | 车辆安全防护 | 20 | |
| 3 | 工具清洁校准存放 | 20 | |
| 4 | 工量辅具、零部件、油水液体“三不落地” | 20 | |
| 5 | 工位 5S | 20 | |
| 总分 | | 100 | |

## 四、拓展训练

（1）请列举出在检测液力变矩器的过程中易出现的问题，分析产生问题的原因并制定解决问题的措施。（满分 25 分）

（2）现发现，2007 款宝来 1.8 L/AT 轿车已行驶 80 000 km，汽车在驶过程中不能提速，出现了行驶时加速无力。初步判断为液力变矩器故障。试制定失速试验流程。（满分 25 分）

（3）请按下列思维导图格式（见图 3-2-10），对失速试验的学习过程进行总结，试验是一个追求准确结果的过程，但有时实验的结果也会发生偏差，你认为在做试验时应该保持一种什么状态，才能减小这种偏差？把你想到的关键词填到思维导图的空格里。（满分 50 分）

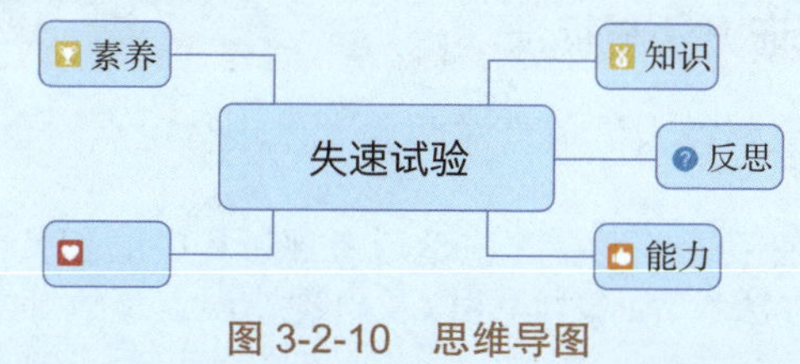


图 3-2-10　思维导图

学习笔记

# 学习考评

## 一、考评项目

根据所学，请对 2019 款宝来 1.6 L 运动版液力变矩器进行检测。

## 二、实施准备

### 1. 学生准备

学生在按照教学进度计划，已经完成了以下学习任务并达到 75 分以上，可进行该学习考评的实施。

（1）理解并完成学习考评需要的相关知识和方法的学习，得分大于 75 分。

（2）运用学习考评需要的相关知识和方法进行作业，得分大于 75 分。

（3）按时、按质、按量完成相应作业，得分大于 80 分。

（4）具有自觉遵守技术标准和要求规定、规范操作、安全、环保、5S 作业、团结协作的好习惯，得分大于 80 分。

（5）能制定 2019 款宝来 1.6 L 运动版液力变矩器检测流程。

### 2. 教师准备

（1）在安排学生实施学习考评前，通过课堂问题研讨、作业、实训和考核及其他方式，确认学生已经具备了实施学习考评所需的知识、技能和素养，并确保学生在安全状态下独立进行。

（2）对协助教师进行测评的学生进行测评和监督方法的培训，确保测评结果的准确性和公平性。

## 三、验证方法与标准

（1）每位测评人员负责对两名学生进行定点、全过程的监控和测评。

（2）详细记录学生在实施学习考评过程中的相关信息、数据、结果、操作方法、完成时间，以及出现错误、事故等情况。

（3）学习考评的作业过程和数据记录等，要求在 60 分钟内完成，时间不足，可在即将结束时，口述剩余部分的作业方法。

（4）考核内容及标准如下表所示。

| 序号 | 作业项目 | 考核内容 | 考核标准 | 配分 | 得分 |
|---|---|---|---|---|---|
| 1 | 查阅资料 | 正确查阅检修资料 | 未查阅或查阅不正确扣 25 分 | 25 | |
| 2 | 液力变矩器的检修作业 | 检查液力变矩器的外部 | 检测步骤错误扣 10 分 | 50 | |
| | | 单向离合器 | 检测步骤错误扣 10 分 | | |
| | | 导轮和涡轮之间的干涉检查 | 检测步骤错误扣 10 分 | | |
| | | 导轮和泵轮之间的干涉检查 | 检测步骤错误扣 10 分 | | |
| | | 液力变矩器轴套径向跳动的检查 | 检测步骤错误扣 10 分 | | |
| 3 | 安全文明生产 | 遵守规程、安全生产 | 每违犯一项扣 1 分直至扣完 | 25 | |
| | | 因违犯操作规程造成事故 | 因违规操作发生重大人身或设备事故，此题按 0 分计 | | |
| 总分 | | | | 100 | |

## 四、考评报告

**说明：**考评分为理论考评和实操考评，理论考评根据项目要求以及考评模板格式制定项目实施方案，方案经老师审核合格后，方可进行实操考评。考评报告模板详见附录 A。

# 拓展阅读

## 流程图与汽车医生

做了几次汽车医生了？有感觉吗？会几招望闻问切？面对下面的故障现象有诊断思路吗？

**故障现象：**

挡位冲击大；变速箱报警灯点亮。

**可能的故障原因：**

产生热量最大的元件液力变矩器出现故障；ATF 散热器散热不良或者受发动机高温影响；阀体内阀杆移动不会产生热量，离合器工作只有少量的、微弱的热量，除非离合器工作时严重打滑可产生大量的热量，自动变速器散热好与坏，与油压、流量、阀道和管道有着直接的关系。

**故障诊断过程：**

（1）液力变矩器流量不足，症状就是液力变矩器过热，报 P0740 故障码，原因是主调压阀只允许有限的 ATF 流量通往液力变矩器和散热器。当流量过小时，液力变矩器内锁止活塞前端的充油过少，导致锁止离合器被拖滞，无法完全与液力变矩器前盖分离，造成液力变矩器过热。

（2）对于自动变速器，引起液力变矩器温度高的另一个原因是，液力变矩器止回阀卡滞、磨损。

**思考：**用流程图画出上述故障诊断过程，掌握流程图这一思维工具的使用方法，体会一下流程图中的“望闻问切”。

学习笔记

# 项目四　拆装与清洗自动变速器阀体

## 一、项目描述

完成清洗检查 2007 款宝来 1.6 L/AT 轿车 01M 自动变速器阀体作业。

## 二、项目要求

符合 2007 款宝来 1.6 L/AT 轿车自动变速器的保养技术要求与标准，正确使用工具，完成如下检修作业：

（1）拆卸自动变速器滑阀箱。

（2）清洗自动变速器滑阀箱。

（3）安装自动变速器滑阀箱。

## 三、学习目标

（1）准确描述自动变速器滑阀箱的基本组成、类型和优缺点。

（2）准确描述自动变速器滑阀箱的拆卸方法。

（3）准确描述自动变速器滑阀箱的清洗方法。

（4）准确描述自动变速器滑阀箱的安装方法。

（5）规范地对自动变速器滑阀箱进行拆卸作业。

（6）规范地对自动变速器滑阀箱进行清洗作业。

（7）规范地对自动变速器滑阀箱进行安装作业。

（8）养成自觉遵守技术标准和相关规定（包括规范操作、安全、环保、5S 作业等要求）的好习惯。

（9）培养自己作为未来汽车医生的医德。

（10）认识到总结就是创新。

## 四、学习载体

现有 2007 款宝来 1.6 L/AT 轿车 01M 自动变速器挂入前进挡时，车辆来回窜动，车子发沉。经检查售后服务顾问告知车主需要对本车进行自动变速器滑阀箱的检查。下图所示为 2007 宝来 1.6 L/AT 轿车 01M 自动变速器滑阀箱。

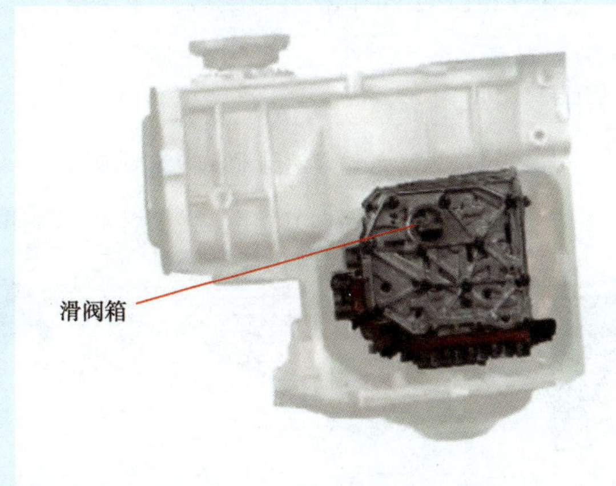

# 任务一　拆卸自动变速器滑阀箱

## 职业行动

### 步骤一：作业准备

1. 作业场地

选择带有消防设施的作业场地。

2. 设备设施

2007 款宝来 1.6 L/AT 轿车液力变矩器、百分表、工具车、零件车、垃圾桶。

3. 工量辅具（见表 4-1-1）

表 4-1-1　拆卸自动变速器滑阀箱工量辅具

| 套筒扳手组合套具 | 抹布 | 除尘枪 |
|---|---|---|
|  |  |  |
| 电磁阀拆卸专用工具 | 化油器 | ATF 油 |
|  |  |  |

4. 耗材

油泵油封、ATF 油、油泵橡胶垫。

## 职业知识

### 滑阀的结构

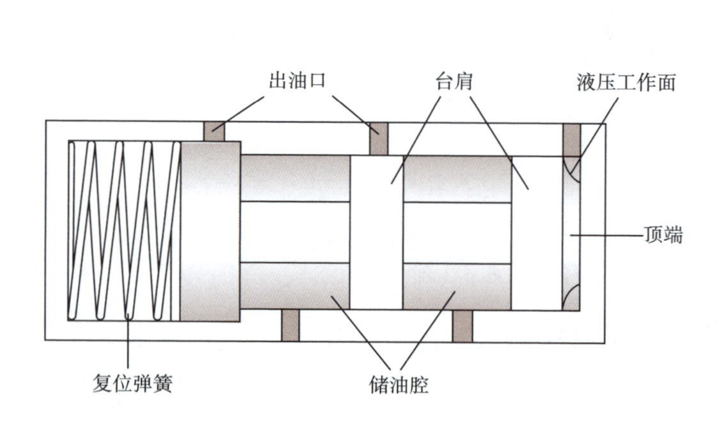


### 滑阀主要部分功能

| 部分 | 功能 |
|---|---|
| 台肩 | • 滑阀移动时，台肩用来打开或关闭阀体上的油道孔，台肩的数量按需设定 |
| 储油腔 | • 台肩之间的区域空间，油液在此空间流动 |
| 液压工作面 | • 油液会在此处产生液压力 |
| 复位弹簧 | • 在阀体的另一端对阀体产生作用力，当液压工作面没有压力时使阀体复位 |

4-1 拆卸自动变速器滑阀箱

## 步骤二：拆卸滑阀箱

### 1. 拆下油底壳，并取下滤清器（见图 4-1-1 和图 4-1-2）

图 4-1-1　拆油底壳

图 4-1-2　取下滤清器

### 2. 拆下线束

使用 10 mm 套管拆卸阀体排线固定螺栓，并使用专用工具 3373 拆卸电磁阀插接器，取下线束，如图 4-1-3 ～图 4-1-5 所示。

图 4-1-3　拆排线固定螺栓

图 4-1-4　拆卸电磁阀插接器

图 4-1-5　取下排线

## 滑阀的结构

|  |  |
| --- | --- |
| 平衡阀<br>• 平衡阀由弹簧力、油液压力控制其移动，从而控制油液的流向 | 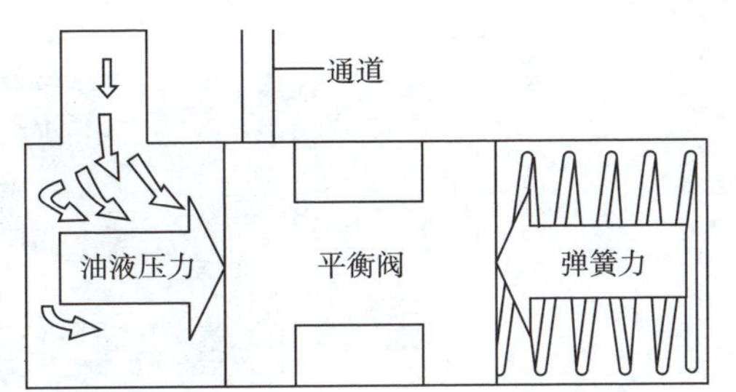 |
| 切换阀<br>• 切换阀是通过阀体的位置来控制油液的流向，一般用作换挡阀、手控阀、制动阀和中继阀 | 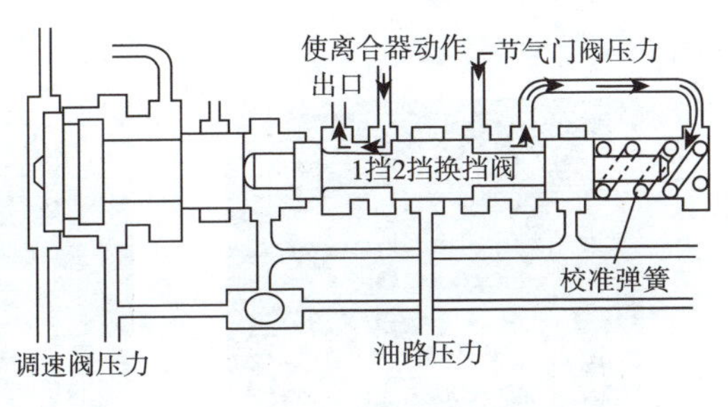 |
| 止回阀<br>• 主要用在油液单向流动的管道上，只允许油液向一个方向流动 | 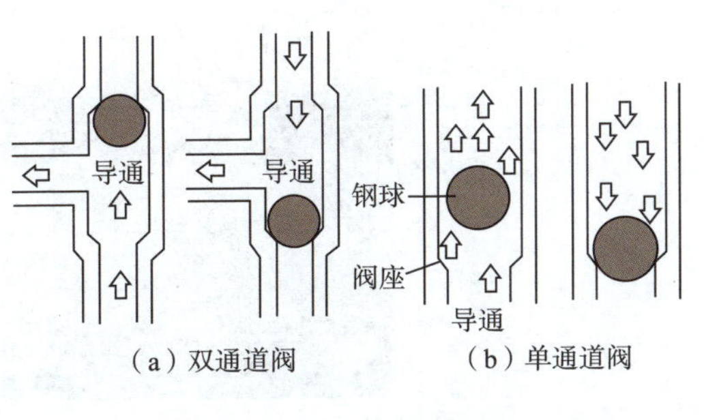 |

学习笔记

学习笔记

### 3. 拆下滑阀箱

（1）使用 T30 扳手拆卸 13 颗变速器阀体固定螺栓，如图 4-1-6 所示。

图 4-1-6　拆卸滑阀箱固定螺栓

（2）旋转阀体角度，将阀体手动阀上弯钩断开，如图 4-1-7 和图 4-1-8 所示。

图 4-1-7　旋转阀体

图 4-1-8　取下手动阀

（3）取下滑阀箱放置在工作台上，准备分解，如图 4-1-9 所示。

图 4-1-9　放置在工作台上

| 滑阀的结构 | |
|---|---|
| 结构 | 排油口<br>A<br>来自油泵<br>管道压力<br>B<br>通往副调压阀<br>主调压阀<br>弹簧<br>倒挡信号油压<br>C<br>节气门信号油压 |
| 功能 | • 将油泵输出的油液压力精确调节到所需值后再输入主油路，以满足主油路系统在不同工况、不同挡位时对油压的需求 |
| 工作原理 | • 油泵不工作时，油液没有压力，在弹簧弹力的作用下，主调压阀中的上部阀芯上移到顶端，下部柱塞套筒下移到底部。<br>• 油泵工作时，泵出的油液经 A 口进入主调压阀的顶部，克服弹簧弹力将上部阀芯压下，当作用在阀芯顶端的油液压力与弹簧弹力相等时，柱塞便停在相应的位置。B 口保持一定开度，油液经 B 口进入，一路经出油口流入副调压阀，并给变矩器和润滑油路供油；另一路经 C 口泄回油底壳。此时，主油路保持一定油压 |

学习笔记

# 任务测评

## 一、知识测评

确定本任务的关键词，按重要程度进行关键词排序并举例解读，然后根据自己对重要信息捕捉、排序、表达、创新和划分权重能力进行自评，满分100分，如表4-1-2所示。

表4-1-2　拆卸自动变速器滑阀箱知识测评表

| 序号 | 关键词 | 举例解读 | 评分自定 |
|---|---|---|---|
| 1 | | | |
| 2 | | | |
| 3 | | | |
| 4 | | | |
| 5 | | | |
| 总分 | | | |

## 二、能力测评

对表4-1-3所列作业内容，操作规范即得分，操作错误或未操作即零分。

表4-1-3　拆卸自动变速器滑阀箱能力测评表

| 序号 | 能力点 | 配分 | 得分 |
|---|---|---|---|
| 1 | 准备工作 | 10 | |
| 2 | 滑阀箱的拆卸 | 25 | |
| 3 | 滑阀箱线束的拆卸 | 25 | |
| 4 | 螺栓力矩 | 25 | |
| 5 | 工具的使用 | 15 | |
| 总分 | | 100 | |

## 三、素养测评

对表4-1-4所列素养点，做到即得分，未做到即零分。

表4-1-4　拆卸自动变速器滑阀箱素养测评表

| 序号 | 素养点 | 配分 | 得分 |
|---|---|---|---|
| 1 | 设备和工具安全检查 | 20 | |
| 2 | 车辆安全防护 | 20 | |
| 3 | 工具清洁校准存放 | 20 | |
| 4 | 工量辅具、零部件、油水液体“三不落地” | 20 | |
| 5 | 工位5S | 20 | |
| 总分 | | 100 | |

## 四、拓展训练

（1）请列举出在拆装滑阀箱的过程中易出现的问题，分析产生问题的原因并制定解决问题的措施。（满分25分）

（2）现发现，2007款宝来1.8 L/AT轿车在驶过程中不能提速，出现了车子来回传动，挡位不断变化的情况，初步判断为滑阀箱故障。试制定滑阀箱拆装流程。（满分25分）

（3）李帅毕业后进入了4S店做维修工作，在做拆装的时候，为了方便，拆下的零部件随手放到身边，用过的工具随处丢放，用的时候找不到，李帅已经在维修店干了2年，可是师傅觉得李帅还是毛手毛脚，不放心他独立接单。

请按图4-1-10所示思维导图格式，对拆卸自动变速器滑阀箱的学习过程进行总结，结合案例说明李帅工作中的不足。如果你是李帅会怎么做？思考一下维修人员在拆装过程中应该具备什么样的品质，总结一个你认为应该排第一的词，填到思维导图的空格里，并进行说明。（满分50分）

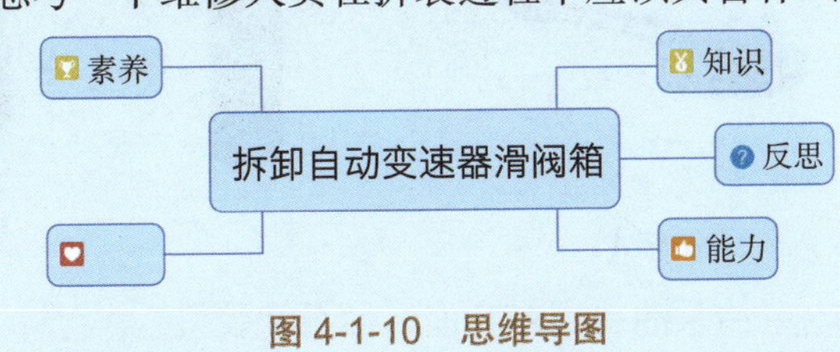


图4-1-10　思维导图

学习笔记

# 任务二　分解与清洗滑阀箱

## 职业行动

### 步骤一：作业准备

#### 1. 作业场地

选择带有消防设施的作业场地。

#### 2. 设备设施

2007 款宝来 1.6 L/AT 轿车液力变矩器、百分表、工具车、零件车、垃圾桶。

#### 3. 工量辅具

表 4-2-1　分解与清洗滑阀箱工量辅具

| 套筒扳手组合套具 | 抹布 | 除尘枪 |
| --- | --- | --- |
| 清洗毛刷 | 化油器 | 清洗油盘 |

#### 4. 耗材

油泵油封、ATF 油、油泵橡胶垫。

## 职业知识

### 滑阀箱分解图

| 分解图 | 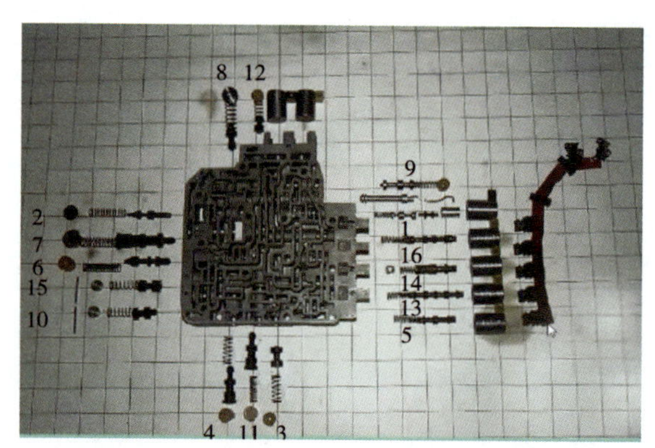 |
| --- | --- |

### 滑阀箱内阀体分类

| 按控制功能分 | • 油路控制阀和压力调节阀 |
| --- | --- |
| 按控制方法分 | • 液压控制阀和电磁阀两类 |

视频

4-2 分解与清洗滑阀箱

德技并修，技以德立

学习笔记

## 步骤二：分解滑阀箱

### 1. 拆卸阀板固定螺栓

（1）拆卸上阀体及中间隔板两颗固定螺栓，如图 4-2-1 所示。

（2）拆卸下隔板两条固定螺栓，如图 4-2-2 所示。

图 4-2-1　拆卸上阀体固定螺栓

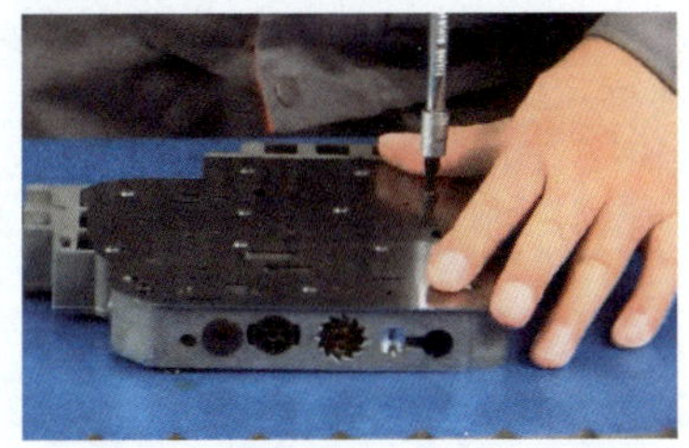

图 4-2-2　拆卸下隔板固定螺栓

### 2. 拆卸阀体内部钢球

（1）在下阀体钢珠位置用小螺丝刀做好标记，如图 4-2-3 所示。

图 4-2-3　用螺丝刀做标记

## 节气门阀功用

- 反映节气门开度的信号是自动变速器自动换挡的两个重要参数之一。
- 产生与节气门开度成正比的控制油压（节气门油压），传给主调压阀和换挡阀，以控制主油压和换挡

## 节气门阀功用

| 分类 | 结构 | 工作原理 |
| --- | --- | --- |
| 机械式节气门阀 | 节气门油压（至换挡阀）<br>4<br>速控油压<br>A<br>B<br>3<br>进油口<br>2<br>主油压<br>1<br>至1挡–2挡、2挡–3挡换挡阀<br>主油压<br>节气门油压（至主调压阀）<br>1—强制降挡柱塞；2—弹簧；3—节气门阀；4—减压阀；A—节气门阀体的位置；B—油道 | • 当踩下加速踏板使节气门开度增加时，节气门拉索拉动节气门凸轮转动，将强制降挡柱塞上推，并通过弹簧将节气门阀体上推，使节流口开大，输出的节气门油压增加，使得节气门油压与节气门开度成正比 |

学习笔记

（2）用磁力棒吸出下阀体四个钢珠，如图 4-2-4 所示。

图 4-2-4　吸出四个钢珠

（3）翻转阀体取下阀体中间隔板，如图 4-2-5 所示。

图 4-2-5　取下阀体中间隔板

（4）取出上阀体钢珠及弹簧，如图 4-2-6 和图 4-2-7 所示。

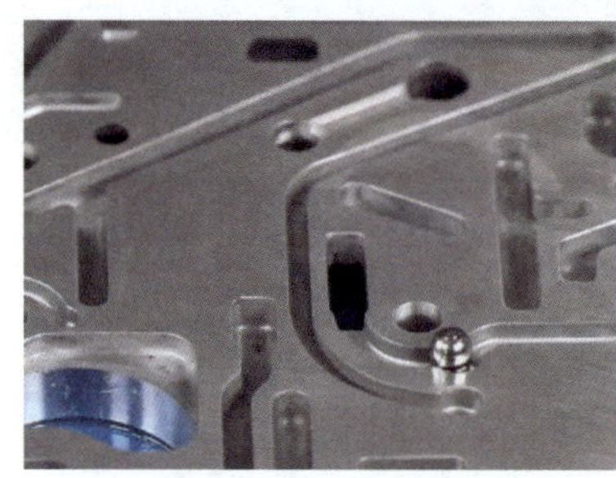

图 4-2-6　取出钢球

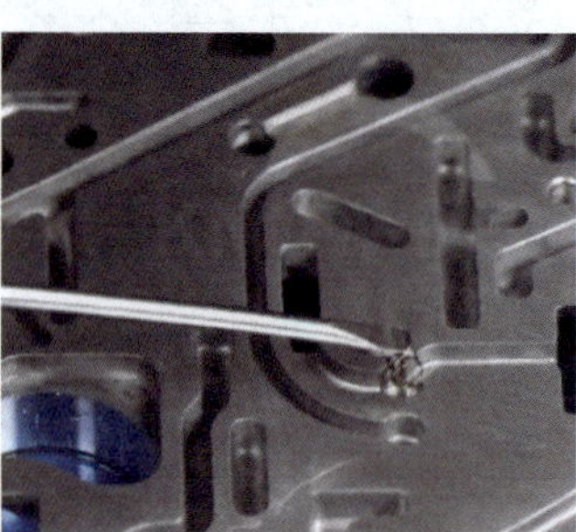

图 4-2-7　取出弹簧

续表

| | | |
|---|---|---|
| 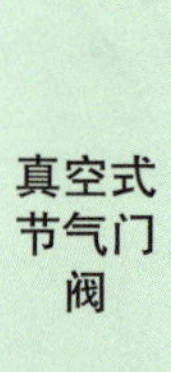 真空式节气门阀 | 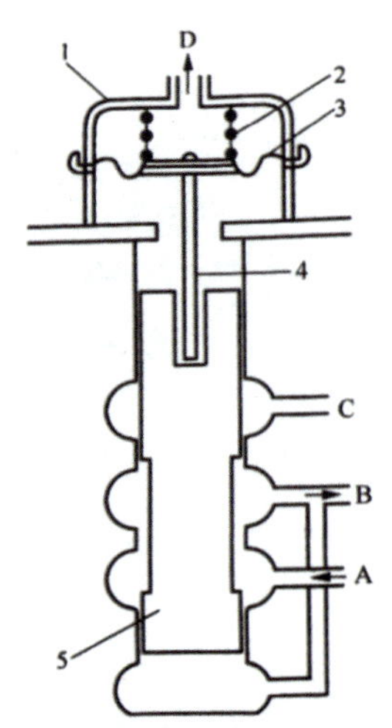  1—真空气室；2—弹簧；3—膜片；4—推杆；5—滑阀；A—主油压；B—节气门油压 | • 当节气门开度增加时，节气门后方的真空度减小，即真空气室的压力增加，使推杆带动滑阀向下移动，增大节流口的通道面积，使节气门油压增加。同样，当节气门开度减小时，节气门油压会下降 |
| **手动阀** | | |
| 手动阀的作用 | | |
| • 手动阀又称手控阀或手动换挡阀，与驾驶室内的换挡杆相连，其功用是控制各挡位油路的转换 | | |

## 步骤三：拆卸滑阀箱阀芯

### 拆卸电磁阀

（1）拆卸电磁阀 N91、N92 固定螺栓，并按顺序摆放在阀板清洗板上，如图 4-2-8 和图 4-2-9 所示。

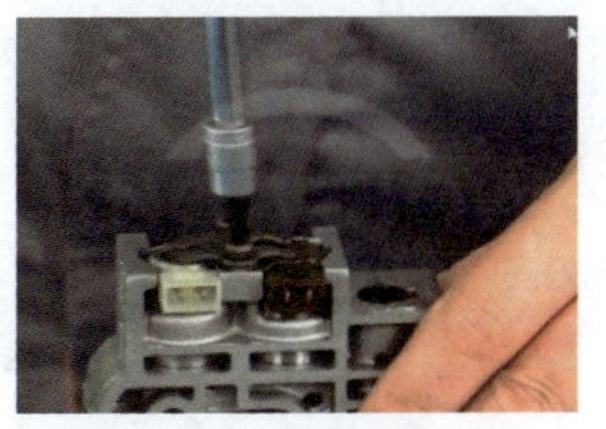
图 4-2-8　拆下电磁阀

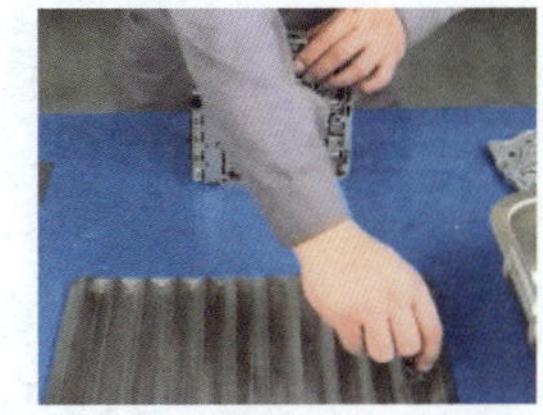
图 4-2-9　摆放到清洗板上

（2）拆卸电磁阀 N88、N89、N90、N93、N94 电磁阀固定螺栓，取出电磁阀和内部阀芯，并按顺序摆放在阀板清洗板上，如图 4-2-10 和图 4-2-11 所示。

图 4-2-10　拆卸电磁阀

图 4-2-11　取出阀芯

（3）使用尖嘴钳和一字螺丝刀拆卸 TCC 锁止阀、弹簧并取出放到清洗板上，如图 4-2-12 和图 4-2-13 所示。

图 4-2-12　拆下 TCC 阀

图 4-2-13　取出弹簧

续表

| 手动阀的工作原理 |
| --- |
| 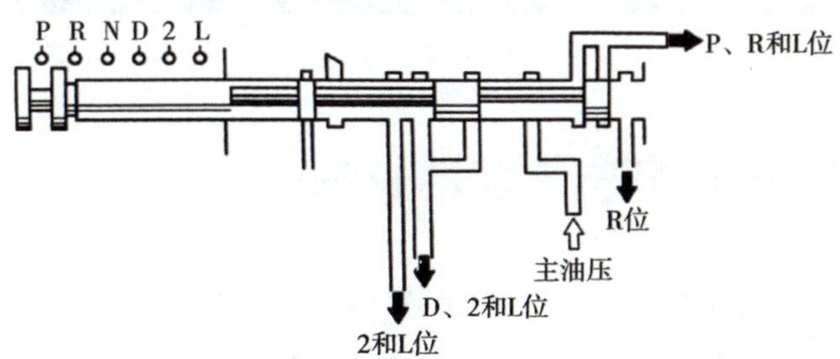 |
| • 当换挡杆置于 P 位时，主油压会通往 P、R 和 L 位油道。<br>• 当换挡杆置于 R 位时，主油压会同时通往 P、R 和 L 位油道与 R 位油道。<br>• 当换挡杆置于 N 位时，手动阀会将主油压进油道切断，使得不会有主油压通往各换挡阀。<br>• 当换挡杆置于 D 位时，主油压会通往 D、2 和 L 位油道。<br>• 当换挡杆置于 2 位时，主油压会同时通往 D、2 和 L 位油道与 2 和 L 位油道。<br>• 当换挡杆置于 L 位时，主油压会同时通往 D、2 和 L 位油道与 2 和 L 位油道及 P、R 和 L 位油道 |

学习笔记

（4）拆卸 K1、K3 协调阀、主调压阀、变矩器压力调节阀，并按顺序摆放到清洗板上，如图 4-2-14 ～图 4-2-16 所示。

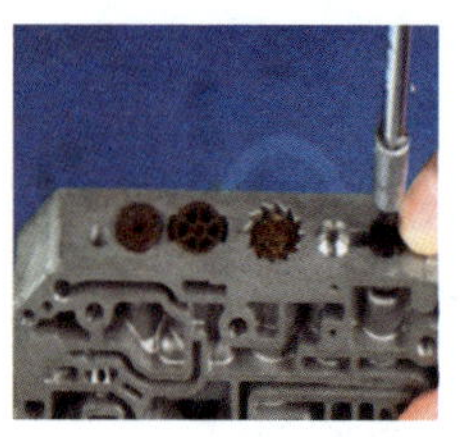

图 4-2-14　拆下 K1、K3 协调阀

图 4-2-15　拆下主调压阀

图 4-2-16　拆下变矩器压力调节阀

## 步骤四：清洗并安装滑阀箱阀芯

### 清洗阀体

（1）阀体浸泡到汽油中清洗，用气枪吹干，如图 4-2-17 和图 4-2-18 所示。

图 4-2-17　清洗阀体

图 4-2-18　吹干阀体

（2）将清洗后的阀芯涂抹 ATF 油后装入阀体阀孔，并用螺栓紧固，如图 4-2-19 和图 4-2-20 所示。

图 4-2-19　阀芯涂抹 ATF 油

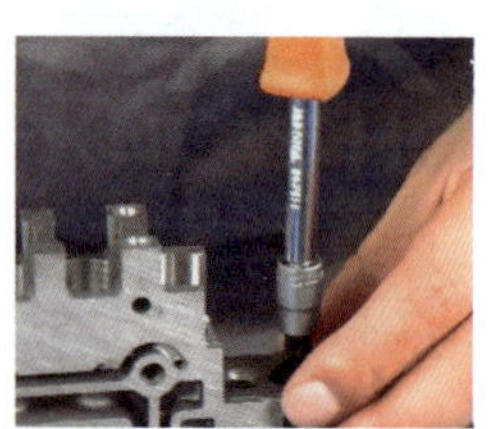

图 4-2-20　装入阀芯

| 手动阀 | |
|---|---|
| 组成 | 电磁阀和锁止离合器的滑阀 |
| 工作原理 | 锁止离合器分离<br>锁止离合器的前部<br>电磁阀<br>锁止离合器的滑阀<br>ATF的流入压力<br>J217<br>（a）锁止离合器分离<br>锁止离合器接合<br>锁止离合器的后部<br>锁止离合器的前部<br>电磁阀<br>锁止离合器的滑阀<br>ATF的流入压力<br>J217<br>（b）锁止离合器接合 |
| 作用 | • 液力自动变速器采用脉冲式电磁阀来控制锁止离合器的工作。<br>• ECU 通过脉冲信号占空比的大小来调节脉冲式电磁阀泄油口的开度 |
| 控制方式 | • 分离控制。当作用在脉冲式锁止离合器电磁阀上的脉冲电信号的占空比为 0 时，电磁阀关闭，此时没有油压作用在锁止离合器控制阀右端，锁止离合器左右两侧油压相同，锁止离合器处于分离状态 |
| | • 滑转控制。脉冲电信号的占空比较小时，电磁阀的开度、作用在锁止离合器控制阀右端的油压以及锁止离合器控制阀左移打开泄油口的开度均较小，使锁止离合器处于半结合状态 |
| | • 锁止控制脉冲电信号的占空比越大，锁止离合器压盘左右侧的压差及锁止离合器的结合力越大。当脉冲电信号达到一定数值时，锁止离合器完全结合 |

（3）检查阀芯移动状态，并安装隔板和钢球，如图 4-2-21 和图 4-2-22 所示。

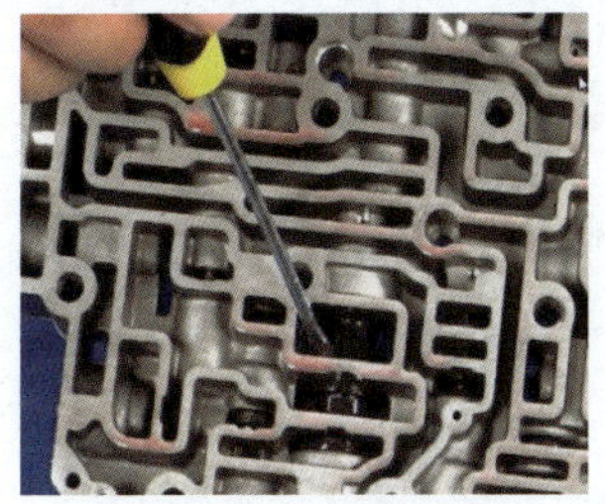
图 4-2-21　检查阀芯

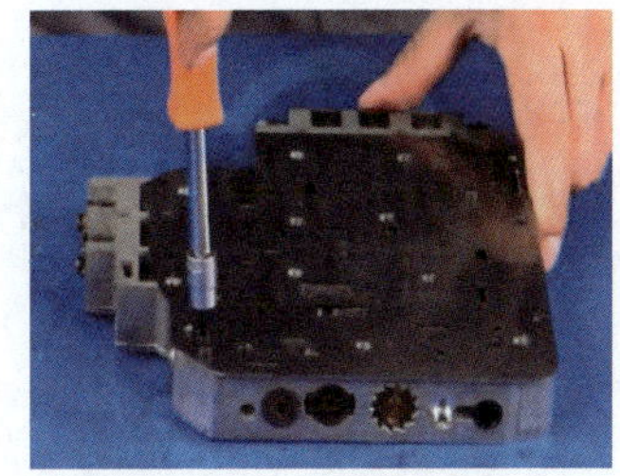
图 4-2-22　安装隔板

（4）组装上阀体，并紧固螺栓，如图 4-2-23 所示。

图 4-2-23　组装阀体

**储能器**

| 结构 | 功能 |
| --- | --- |
| 储能器活塞<br>弹簧<br>储能器 | • 储能器用于存储少量的压力油液，在换挡时起作用，使压力油液迅速流到换挡执行机构的油缸，并吸收和平衡所输送油压的压力波动。当弹簧被压缩时，储存能量，当弹簧伸长时，释放能量 |

学习笔记

# 任务测评

## 一、知识测评

确定本任务的关键词，按重要程度进行关键词排序并举例解读，然后根据自己对重要信息捕捉、排序、表达、创新和划分权重能力进行自评，满分 100 分，如表 4-2-2 所示。

表 4-2-2　分解与清洗滑阀箱知识测评表

| 序号 | 关键词 | 举例解读 | 评分自定 |
|---|---|---|---|
| 1 | | | |
| 2 | | | |
| 3 | | | |
| 4 | | | |
| 5 | | | |
| 总分 | | | |

## 二、能力测评

对表 4-2-3 所列作业内容，操作规范即得分，操作错误或未操作即零分。

表 4-2-3　分解与清洗滑阀箱能力测评表

| 序号 | 能力点 | 配分 | 得分 |
|---|---|---|---|
| 1 | 准备工作 | 10 | |
| 2 | 滑阀箱的安装 | 25 | |
| 3 | 拆卸滑阀箱阀芯 | 25 | |
| 4 | 滑阀箱的清洗与组装 | 25 | |
| 5 | 工具的使用 | 15 | |
| 总分 | | 100 | |

## 三、素养测评

对表 4-2-4 所列素养点，做到即得分，未做到即零分。

表 4-2-4　分解与清洗滑阀箱素养测评表

| 序号 | 素养点 | 配分 | 得分 |
|---|---|---|---|
| 1 | 设备和工具安全检查 | 20 | |
| 2 | 车辆安全防护 | 20 | |
| 3 | 工具清洁校准存放 | 20 | |
| 4 | 工量辅具、零部件、油水液体“三不落地” | 20 | |
| 5 | 工位 5S | 20 | |
| 总分 | | 100 | |

## 四、拓展训练

（1）请列举出在拆装滑阀箱的过程中易出现的问题，分析产生问题的原因并制定解决问题的措施。（满分 25 分）

（2）现发现，2007 款宝来 1.8 L/AT 轿车在驶过程中不能提速，出现了车子来回传动，挡位不断变化的情况，初步判断为滑阀箱故障。试制定滑阀箱拆装流程。（满分 25 分）

（3）自动变速器的滑阀箱是用于控制自动变速器中的油通道组件，有许多小线轴、弹簧、钢球和电磁阀，分解与清洗滑阀箱是一个需要耐心和细心的工作，由于滑阀箱的零件太多，为了安装时便捷且容易区分，需要思考应该按顺序摆放拆下的零件。

请按下列思维导图格式（见图 4-2-24），对分解与清洗滑阀箱的学习过程进行总结，思考一下当要拆卸零部件比较多的机构时，拆下的零部件要按一定顺序摆放，才能保证安装时的顺畅，这是一种管理创新。结合学习过程中的感受，把你想到的关于实训中的管理创新填到下面的空格处。（满分 50 分）

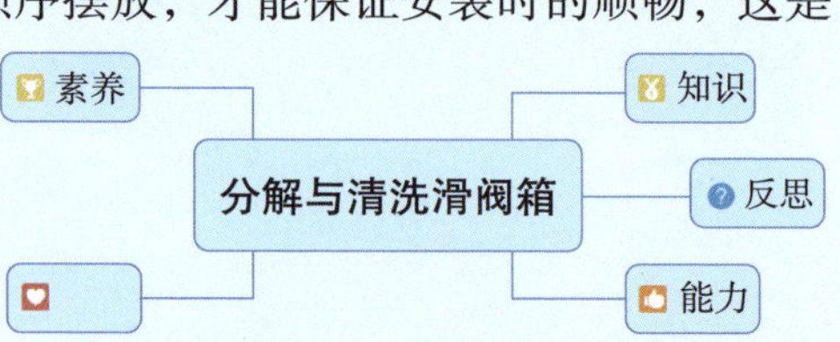

图 4-2-24　思维导图

学习笔记

# 任务三　安装自动变速器滑阀箱

## 职业行动

### 步骤一：作业准备

1. 作业场地

选择带有消防设施的作业场地。

2. 设备设施

2007 款宝来 1.6 L/AT 轿车液力变矩器、百分表、工具车、零件车、垃圾桶。

3. 工量辅具（见表 4-3-1）

表 4-3-1　安装自动变速器滑阀箱工量辅具

| 套筒扳手组合套具 | 抹布 | 除尘枪 |
|---|---|---|
| 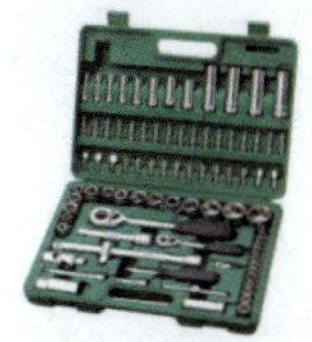 |  |  |
| 电磁阀拆卸专用工具 | 化油器 | ATF 油 |
|  |  |  |

4. 耗材

油泵油封、ATF 油、油泵橡胶垫。

## 职业知识

### 滑阀箱结构

| 结构 | 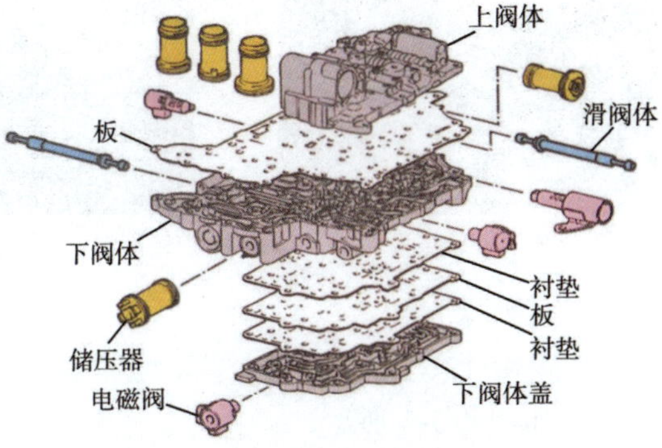 上阀体；滑阀体；板；下阀体；衬垫；板；衬垫；储压器；电磁阀；下阀体盖 |
|---|---|
| 作用 | • 滑阀箱中的各个滑阀控制变速器中不同执行器的工作状态和润滑油压。<br>• 保证变速器的润滑和实现变速器的挡位变化 |
| 主要部件功用 | • 阀板是整个液压控制系统油路组成的主要部分，在阀板上开有很多孔槽，这些孔槽连接到各个执行元件 |
| | • 阀芯可以改变油液的流动方向，从而实现对执行元件的结合和分离控制 |

视频

4-3 安装自动变速器滑阀箱

学习笔记

## 步骤二：安装滑阀箱

### 1. 安装导油管和手动阀

（1）旋转变速箱，安装 B1 制动器导油管，如图 4-3-1 所示。

（2）转动阀体角度，连接阀体手动阀与弯钩，如图 4-3-2 所示。

图 4-3-1　安装导油管

图 4-3-2　连接手动阀与弯钩

### 2. 安装阀体

（1）使用 T30 扳手安装 13 条阀体紧固螺栓，并紧固至 5 N • m，如图 4-3-3 所示。

（2）安装各电磁阀插接器，如图 4-3-4 所示。

图 4-3-3　安装固定螺栓

图 4-3-4　安装线束

## 液压控制阀操纵形式

| 手动操纵 | |
|---|---|
| 结构 | 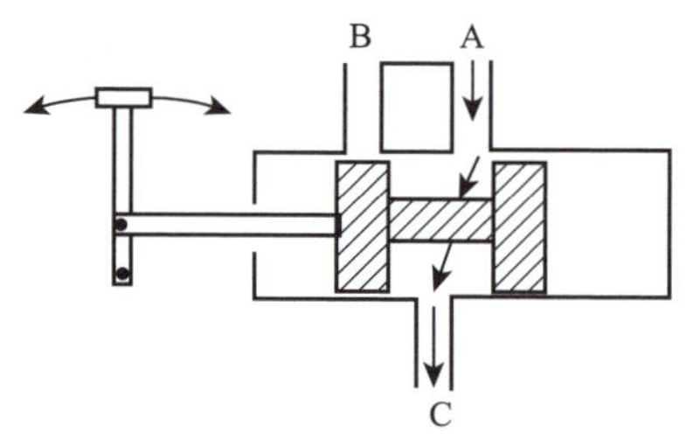 |
| 工作原理 | • 具有一定压力的液体通过通道 A 被控制阀接受，又经过滑阀中的阀槽进入通道 C，这样液体压力就能够作用到多片离合器或制动带的伺服油缸上。当操纵杆运动时，滑阀移动，结果 A 通道关闭，B 通道打开，则液体压力通过 B 通道解除，制动带或多片离合器就释放 |
| **双向液控操纵** | |
| 结构 | 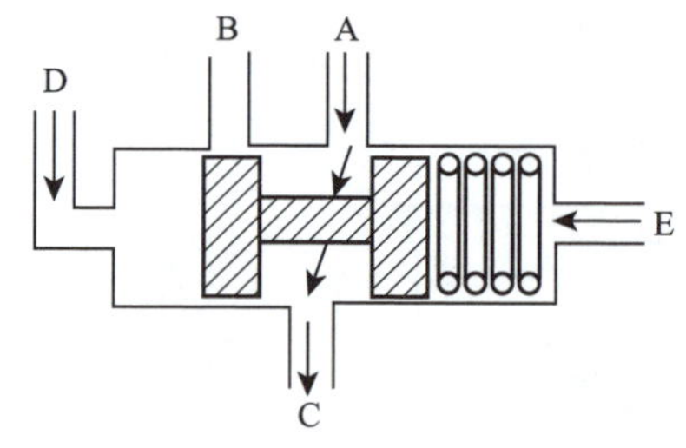 |
| 工作原理 | • 通过通道 D 的压力使 A 通道打开，允许液体经过滑阀流到 C 通道中。如果液体压力通过 E 通道作用于滑阀右侧，则滑阀在弹簧力和油压的共同作用下，使滑阀左移，关闭 A 通道，打开 B 通道 |



汽车医生也要讲医德，医德比医术更重要

### 3. 安装阀体排线

（1）使用 10 mm 套管安装阀体排线固定螺栓，如图 4-3-5 所示。

（2）使用扭力扳手紧固至 10 N • m，如图 4-3-6 所示。

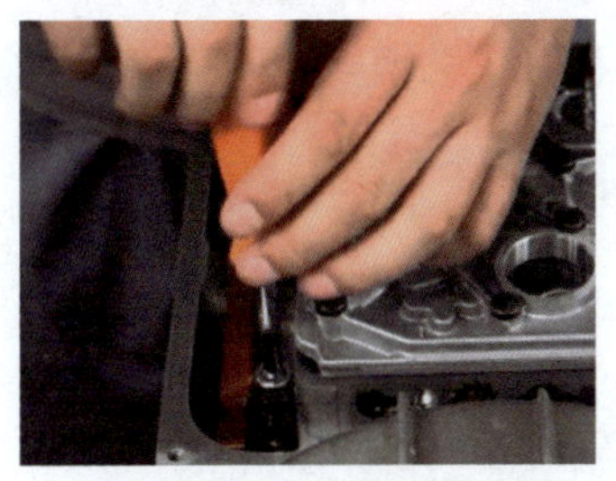

图 4-3-5　安装排线固定螺栓

图 4-3-6　上紧力矩

### 4. 安装油底壳

（1）安装滤清器，见图 4-3-7 所示。

（2）安装油底壳螺栓，紧固至 12 N • m，如图 4-3-8 所示。

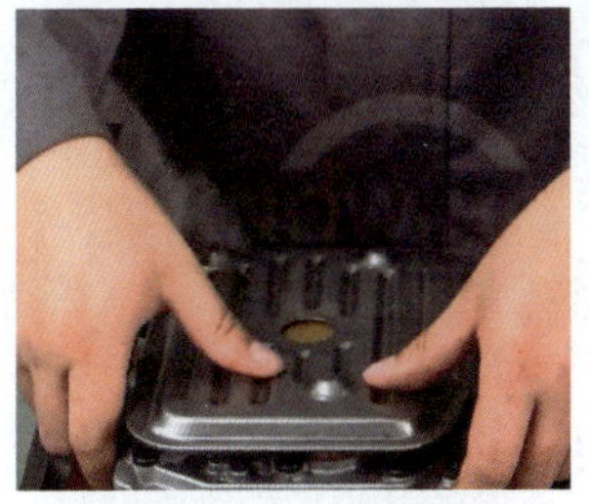

图 4-3-7　安装滤清器

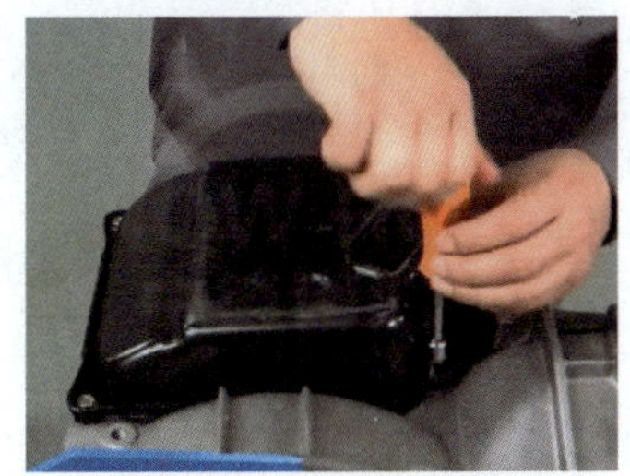

图 4-3-8　安装油底壳

| 单向液控操纵 | |
| --- | --- |
| 结构 | D　B　A　C |
| 工作原理 | • 控制阀的一侧有控制口，另一侧有弹簧预紧力作用在滑阀的端部。当液体压力通过 D 通道进入滑阀左端时，则滑阀克服弹簧力右移，液体从 A 流到 C。当 D 通道的控制油压释放时，回位弹簧将滑阀移向左侧，停留在其原先位置，这时液体从 B 流到 C，而 A 关闭 |
| **电液控操纵** | |
| 结构 | 滑阀　电磁阀　D　B　A　S　C　排出 |
| 工作原理 | • 在电控的自动变速器中，换挡阀滑阀的位置变化往往采用电液联合作用的方式。滑阀位置变化，不仅仅取决于 D 通道是否有液体进入，还取决于电磁阀线圈通断电的状态。并联在 D 通道上的电磁阀实际上是一个两位两通电磁阀 |

学习笔记

# 任务测评

## 一、知识测评

确定本任务的关键词，按重要程度进行关键词排序并举例解读，然后根据自己对重要信息捕捉、排序、表达、创新和划分权重能力进行自评，满分 100 分，如表 4-3-2 所示。

表 4-3-2　安装滑阀箱知识测评表

| 序号 | 关键词 | 举例解读 | 评分自定 |
|---|---|---|---|
| 1 | | | |
| 2 | | | |
| 3 | | | |
| 4 | | | |
| 5 | | | |
| 总分 | | | |

## 二、能力测评

对表 4-3-3 所列作业内容，操作规范即得分，操作错误或未操作即零分。

表 4-3-3　安装滑阀箱能力测评表

| 序号 | 能力点 | 配分 | 得分 |
|---|---|---|---|
| 1 | 准备工作 | 10 | |
| 2 | 滑阀箱的安装 | 25 | |
| 3 | 滑阀箱线束的安装 | 25 | |
| 4 | 螺栓力矩 | 25 | |
| 5 | 工具的使用 | 15 | |
| 总分 | | 100 | |

## 三、素养测评

对表 4-3-4 所列素养点，做到即得分，未做到即零分。

表 4-3-4　安装滑阀箱素养测评表

| 序号 | 素养点 | 配分 | 得分 |
|---|---|---|---|
| 1 | 设备和工具安全检查 | 20 | |
| 2 | 车辆安全防护 | 20 | |
| 3 | 工具清洁校准存放 | 20 | |
| 4 | 工量辅具、零部件、油水液体“三不落地” | 20 | |
| 5 | 工位 5S | 20 | |
| 总分 | | 100 | |

## 四、拓展训练

（1）请列举出在安装滑阀箱的过程中易出现的问题，分析产生问题的原因并制定解决问题的措施。（满分 25 分）

（2）现发现，2007 款宝来 1.8 L/AT 轿车在驶过程中不能提速，出现了车子来回传动，挡位不断变化，初步判断为滑阀箱故障。试制定滑阀箱拆装流程。（满分 25 分）

（3）李响是 4S 店维修部门的老员工，这天来了一辆故障车，需要更换滑阀箱。本来这个活是同事徐超的活，他干到一半的时候家里有事请假走了，李响把徐超剩下的活完成。李响一看是以前修过的车型，也没看维修手册，直接根据自己的经验就进行维修。在安装完成后进行试车的过程中，发现汽车无法升到 4 挡，经检查后发现一个电磁阀的接头忘了接上。

请按下列思维导图格式（见图 4-3-9），对安装滑阀箱的学习过程进行总结。通过上述案例，思考一下李响在工作中的问题是什么，把李想工作中的不足总结一个词，填到下面的空格处，并进行说明。（满分 50 分）

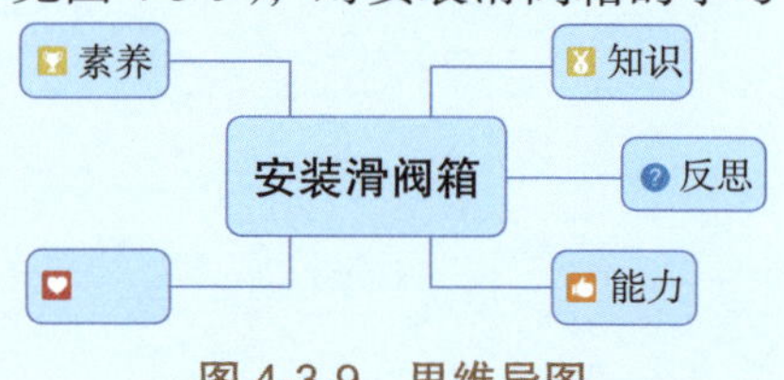


图 4-3-9　思维导图



汽车医生也要讲医德，医德比医术更重要

# 学习考评

## 一、考评项目

根据所学，请对 2019 款宝来 1.6 L 运动版自动变速器滑阀箱进行分解与清洗。

## 二、实施准备

### 1. 学生准备

学生按照教学进度计划，已经完成了以下学习任务并达到了 75 分以上，可进行该学习考评的实施。

（1）理解并完成学习考评需要的相关知识和方法的学习，得分大于 75 分。

（2）运用学习考评需要的相关知识和方法进行作业，得分大于 75 分。

（3）按时、按质、按量完成相应作业，得分大于 80 分。

（4）具有自觉遵守技术标准和要求规定、规范操作、安全、环保、5S 作业、团结协作的好习惯，得分大于 80 分。

（5）能制定 2019 款宝来 1.6 L 运动版自动变速器滑阀箱分解与清洗流程。

### 2. 教师准备

（1）在安排学生实施学习考评前，通过课堂问题研讨、作业、实训和考核及其他方式，确认学生已经具备了实施学习考评所需的知识、技能和素养，并确保学生在安全状态下独立进行。

（2）对协助教师进行测评的学生进行测评和监督方法的培训，确保测评结果的准确性和公平性。

## 三、验证方法与标准

（1）每位测评人员负责对两名学生进行定点、全过程的监控和测评。

（2）详细记录学生在实施学习考评过程中的相关信息、数据、结果、操作方法、完成时间，以及出现错误、事故等情况。

（3）学习考评的作业过程和数据记录等，要求在 60 分钟内完成，时间不足，可在即将结束时，口述剩余部分的作业方法。

（4）考核内容及标准如下表所示。

| 序号 | 作业项目 | 考核内容 | 考核标准 | 配分 | 得分 |
|---|---|---|---|---|---|
| 1 | 自动变速器滑阀箱分解 | 拆卸阀板 | 操作流程错误扣 10 分 | 40 | |
| | | 拆卸隔板 | 操作流程错误扣 10 分 | | |
| | | 拆下钢球 | 操作流程错误扣 10 分 | | |
| | | 拆卸滑阀箱阀芯 | 操作流程错误扣 10 分 | | |
| 2 | 查阅资料 | 正确查阅检修资料 | 未查阅或查阅不正确扣 15 分 | 15 | |
| 3 | 清洗与组装滑阀箱 | 清洗阀板 | 操作流程错误扣 10 分 | 30 | |
| | | 清洗阀芯 | 操作流程错误扣 10 分 | | |
| | | 滑阀箱组装 | 操作流程错误扣 10 分 | | |
| 4 | 安全文明生产 | 遵守规程、安全生产 | 每违犯一项扣 1 分直至扣完 | 15 | |
| | | 因违犯操作规程造成事故 | 因违规操作发生重大人身或设备事故，此题按 0 分计 | | |
| 总分 | | | | 100 | |

## 四、考评报告

**说明：**考评分为理论考评和实操考评，理论考评根据项目要求以及考评模板格式制定项目实施方案，方案经老师审核合格后，方可进行实操考评。考评报告模板详见附录 A。

学习笔记

# 拓展阅读

## 故障树与汽车医生

一个好医生会赢得妙手回春的美誉。不是每一个医生都能妙手回春，同是医生，医术却有很大差距。面对复杂的故障现象，准确判断是第一功夫。

**故障现象：**

起步中由停车挡或空挡挂入倒车挡或前进挡时，汽车振动较严重；行驶中，在自动变速器某个挡位或全部挡位升挡的瞬间，汽车有较明显的冲击。

**可能的故障原因：**

发动机怠速过高；节气门拉索或节气门位置传感器调整不当；升挡过迟；主调压阀故障；换挡执行元件打滑；油压电磁阀不工作；计算机故障。

**故障诊断过程：**

（1）检查怠速，调整怠速到正常状态。

（2）检查并将节气门拉索或节气门位置传感器调整到标准状态。

（3）检查真空节气门阀的真空软管，若有松脱重新更换。

（4）路试若有升挡过迟现象，则说明换挡冲击大的故障是升挡过迟引起的。如果升挡前发动机转速异常升高，导致升挡瞬间有较大的换挡冲击，则说明离合器或制动器打滑，应拆解自动变速器修理。

（5）检测主油路油压。如果怠速时主油路油压高，则说明主油路调压阀或节气门有故障，可能是调压弹簧预紧力过大或阀芯卡滞所致；如果怠速时主油路正常，但起步进挡时冲击较大，则说明前进离合器或倒挡及高挡离合器的进油单向阀阀球损坏或漏装，须拆修阀板。

（6）检修换挡时的主油路油压。正常换挡主油路油压会有瞬时下降。如果换挡时主油路油压没有下降，则说明减振器活塞卡滞，须拆检阀板和减振器。

（7）电子控制自动变速器如果出现换挡冲击过大故障，应检查油压电磁阀线路及油压电磁阀工作是否正常，计算机是否在换挡瞬间向油压电磁阀发出控制信号。若有线路故障，应予修复；若电磁阀故障，须更换；若计算机未发出信号，须换计算机。

**思考：**用故障树分析法画出上述故障诊断过程，掌握故障树这一思维工具的使用方法，体会并指出故障树中的“望闻问切”。

学习笔记

学习笔记

# 项目五　分解检查自动变速器

## 一、项目描述

完成 2007 款宝来 1.6 L/AT 轿车 01M 自动变速器大修作业。

## 二、项目要求

符合 2007 款宝来 1.6 L/AT 轿车自动变速器的大修技术要求与标准，正确使用工具，完成如下维修作业：

（1）分解自动变速器。

（2）分解检查自动变速器离合器和制动器。

（3）安装与调整自动变速器。

## 三、学习目标

（1）准确描述自动变速器传动的基本原理。

（2）准确描述自动变速器执行元件的工作原理。

（3）准确描述自动变速器间隙调整方法。

（4）规范地对自动变速器进行分解与检查作业。

（5）规范地对自动变速器进行安装与调整作业。

（6）养成自觉遵守技术标准和相关规定（包括规范操作、安全、环保、5S 作业要求等）的好习惯。

（7）养成积累案例的习惯。

（8）认识到积累就是创新。

## 四、学习载体

现有一辆 2007 款宝来 1.6 L/AT 轿车来到服务站，行驶里程为 84 000 km。该车驾驶员反映车辆在行驶过程中发动机不能提速，车辆行驶速度慢，在上坡时车辆有时无法起步。经检查售后服务顾问告知车主需要对本车进行自动变速器大修作业。下图所示为 2007 宝来 1.6 L/AT 轿车 01M 自动变速器。

学习笔记

# 任务一　分解自动变速器

## 职业行动

### 步骤一：作业准备

1. 作业场地

选择带有消防设施的作业场地。

2. 设备设施

2007 款宝来 1.6 L/AT 轿车 01M 自动变速器台架、工具车、零件车、立式千斤顶、垃圾桶。

3. 工量辅具（见表 5-1-1）

表 5-1-1　分解自动变速器工量辅具

| 套筒扳手组合套具 | 抹布 | 油盆 |
| --- | --- | --- |
| 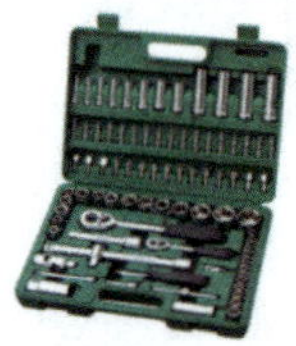  |   |   |
| 塞尺 | 预置力式扭力扳手 | 离合器分离专用工具 |
|   |   |   |

## 职业知识

### 行星齿轮机构组成

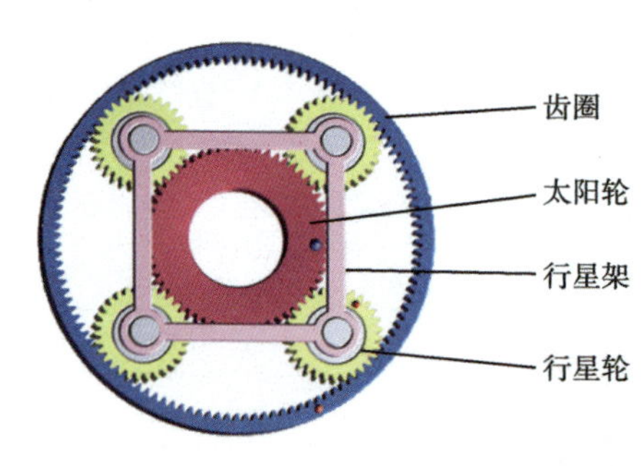


### 行星齿轮机构分类

| 单排单级行星齿轮机构 | 单排双级行星齿轮机构 |
| --- | --- |
| 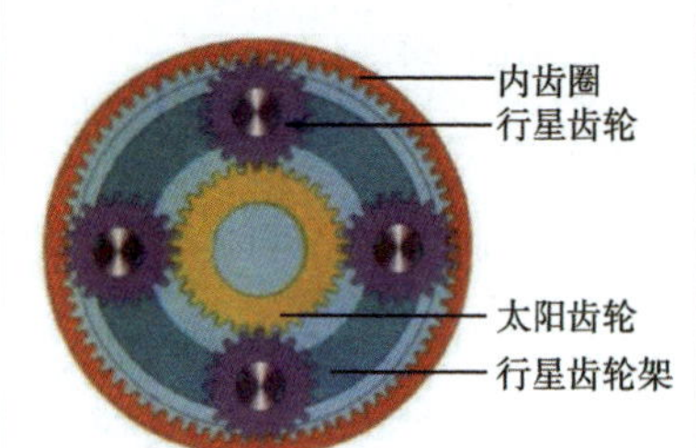  | 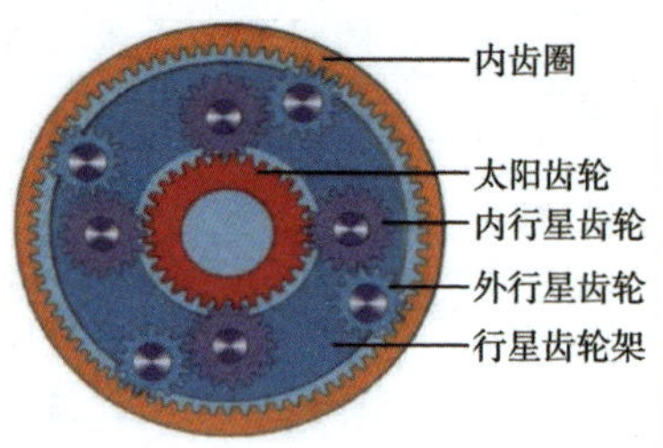  |

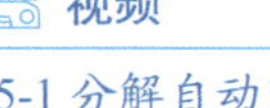


5-1 分解自动变速器

积累丰富的故障诊断案例库是优秀汽车医生成长的捷径

## 步骤二：拆卸附件

### 拆卸传感器及附件

（1）拆卸转速传感器和车速传感器，如图 5-1-1 和图 5-1-2 所示。

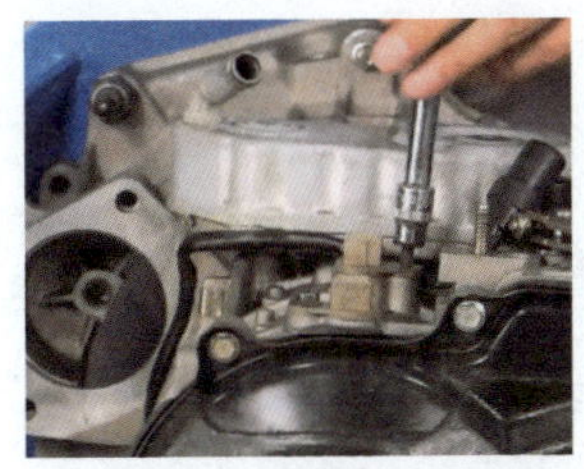

图 5-1-1　拆卸转速传感器

图 5-1-2　拆卸车速传感器

（2）拆卸多功能开关和变速器冷却器，如图 5-1-3 和图 5-1-4 所示。

图 5-1-3　拆卸多功能开关

图 5-1-4　拆卸冷却器

（3）拆下油底壳和油滤，如图 5-1-5 和图 5-1-6 所示。

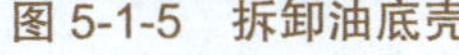

图 5-1-5　拆卸油底壳

图 5-1-6　拆卸油滤

## 行星齿轮机构运动规律

| 单排单级行星齿轮运动方式 | 运动规律 |
|---|---|
| 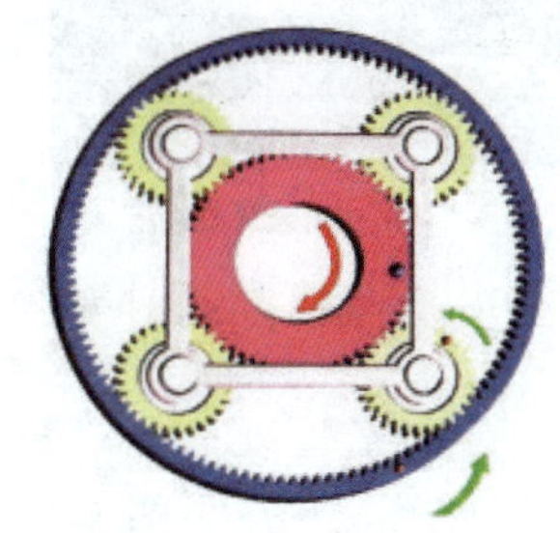 | 太阳轮、齿圈和行星架均为旋转构件，可以将不同构件设定为输入或输出条件，随条件不同能获得多种传动比和旋向 |

不同组合情况下的传动方式

| 固定件 | 主动件 | 从动件 | 传动效果 | 旋转方向 |
|---|---|---|---|---|
| 太阳轮 | 内齿圈 | 行星架 | 减速 | 同向 |
| | 行星架 | 内齿圈 | 增速 | |
| 内齿圈 | 太阳轮 | 行星架 | 减速 | 同向 |
| | 行星架 | 太阳轮 | 增速 | |
| 行星架 | 太阳轮 | 内齿圈 | 减速 | 反向 |
| | 内齿圈 | 太阳轮 | 增速 | |
| 任意两个元件连接成一体（直接挡） | | | 同速 | 同向 |

学习笔记

（4）拆下滑阀箱和 B1 制动器导油管，如图 5-1-7 和图 5-1-8 所示。

图 5-1-7　拆卸滑阀箱

图 5-1-8　拆卸导油管

## 步骤三：拆解变速器

### 1. 拆下油泵

拆卸输入轴总成，用手抓出凸出部分，见图 5-1-9 和图 5-1-10。

图 5-1-9　拆卸油泵

图 5-1-10　取出输入总成

### 2. 取下制动器钢片、摩擦片、隔离管和 K2 离合器

（1）取下制动器钢片、摩擦片和隔离管，如图 5-1-11 和图 5-1-12 所示。

图 5-1-11　取下钢片和摩擦片

图 5-1-12　取下隔离管

续表

<table>
<tr><th colspan="2">单排双级行星齿轮运动方式</th><th colspan="3">运动规律</th></tr>
<tr><td colspan="2"></td><td colspan="3">• 只要内齿圈输出，无论哪个元件制动，均为同向减速传动。<br>• 只要内齿圈输入，无论哪个元件制动，均为同向增速传动。<br>• 只要内齿圈制动，无论哪个元件输入，均为反向传动。<br>• 任意两元件相连，另一元件则自动连接，可实现同向等速传动，传动比为 1</td></tr>
<tr><th colspan="5">不同组合情况下的传动方式</th></tr>
<tr><th>固定件</th><th>主动件</th><th>从动件</th><th>传动效果</th><th>旋转方向</th></tr>
<tr><td rowspan="2">太阳轮</td><td>内齿圈</td><td>行星架</td><td>增速</td><td rowspan="2">同向</td></tr>
<tr><td>行星架</td><td>内齿圈</td><td>减速</td></tr>
<tr><td rowspan="2">内齿圈</td><td>太阳轮</td><td>行星架</td><td>不确定</td><td rowspan="2">反向</td></tr>
<tr><td>行星架</td><td>太阳轮</td><td>不确定</td></tr>
<tr><td rowspan="2">行星架</td><td>太阳轮</td><td>内齿圈</td><td>减速</td><td rowspan="2">同向</td></tr>
<tr><td>内齿圈</td><td>太阳轮</td><td>增速</td></tr>
</table>

（2）取下 K2 离合器，拆卸变速箱端盖和小输入轴固定螺栓，如图 5-1-13 和 5-1-14 所示。

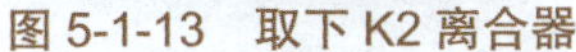
图 5-1-13　取下 K2 离合器

图 5-1-14　拆卸固定螺栓

### 3. 拆小输入轴

（1）将挂挡摇臂拨至驻车挡，如图 5-1-15 所示。

图 5-1-15　将挂挡臂拨至驻车挡

（2）用螺丝刀固定住大太阳轮，拆下小输入轴固定螺栓，如图 5-1-16 和 5-1-17 所示。

图 5-1-16 固定大太阳轮

图 5-1-17　拆下小输入轴

## 滑阀箱结构

### 降速增扭

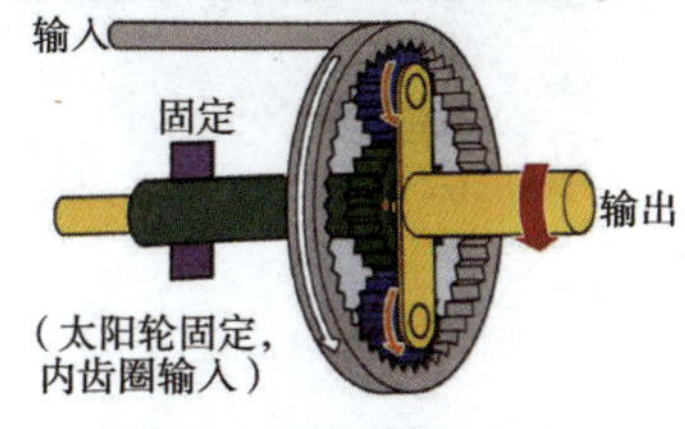


- 动力由齿圈传递给行星架，传动比小于 1，属于降速增扭

### 倒挡

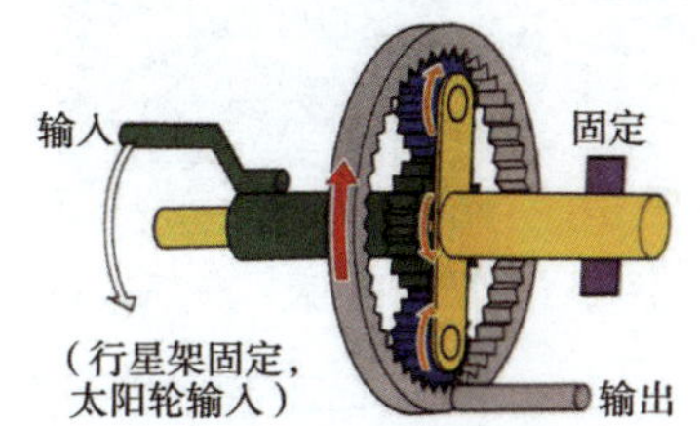


- 动力由太阳轮传递给齿圈，输出转动方向发生变化，此时为倒挡

### 直接挡传动

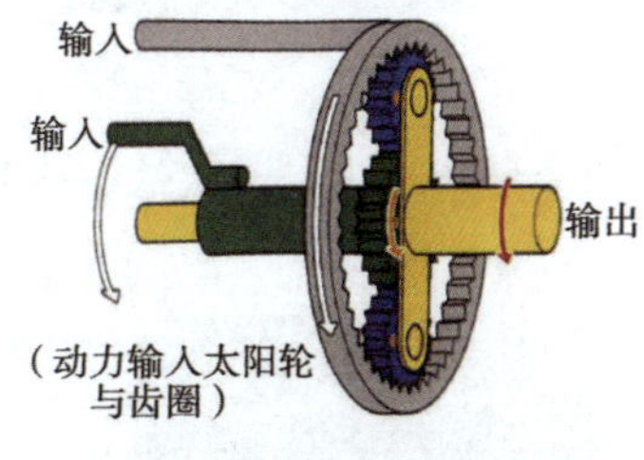


- 输入端同时连接太阳轮和齿圈，整个机构卡死变成一个整体，此时传动比为 1 ： 1，属于直接挡传动

### 降扭增速

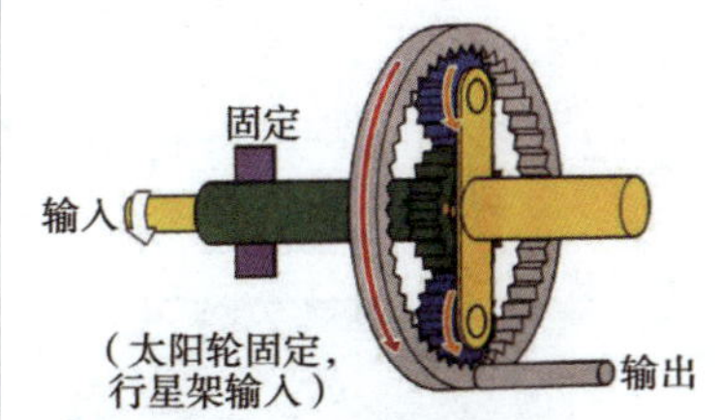


- 动力由行星架传递给齿圈，传动比大于 1，属于降扭增速

学习笔记

学习笔记

（3）取出大、小输入轴，拆掉壳体上的弹性挡圈，如图 5-1-18 和图 5-1-19 所示。

图 5-1-18　取出大、小输入轴

图 5-1-19　拆掉壳体上的弹性挡圈

### 4. 取出单向离合器和行星架

（1）将单向离合器从行星架上取下，如图 5-1-20 和图 5-1-21 所示。

图 5-1-20　取出行星架

图 5-1-21　取下单向离合器

（2）取出 B1 倒挡制动器的钢片和垫片，如图 5-1-22 和图 5-1-23 所示。

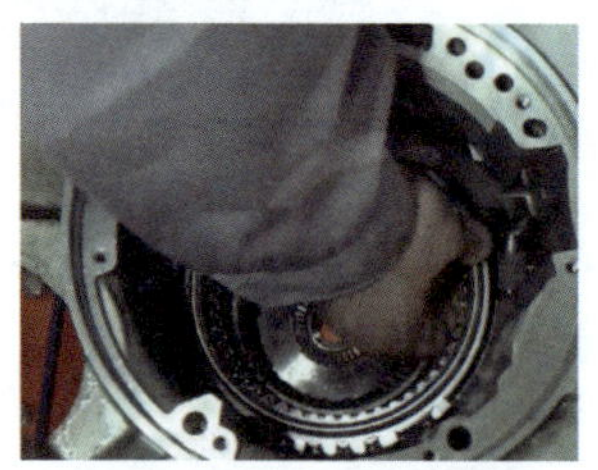

图 5-1-22　取出钢片

图 5-1-23　取出垫片

**拆解方法及要求**

| | |
|---|---|
| • 拿下冷却器密封垫。将冷却器取下时，需取下冷却器密封垫<br> | 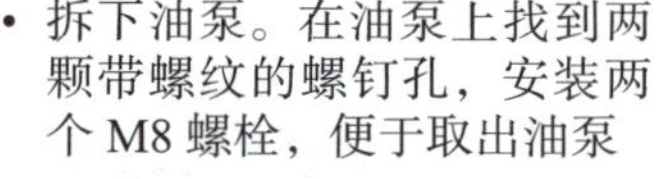<br>• 拆下油泵。在油泵上找到两颗带螺纹的螺钉孔，安装两个 M8 螺栓，便于取出油泵<br>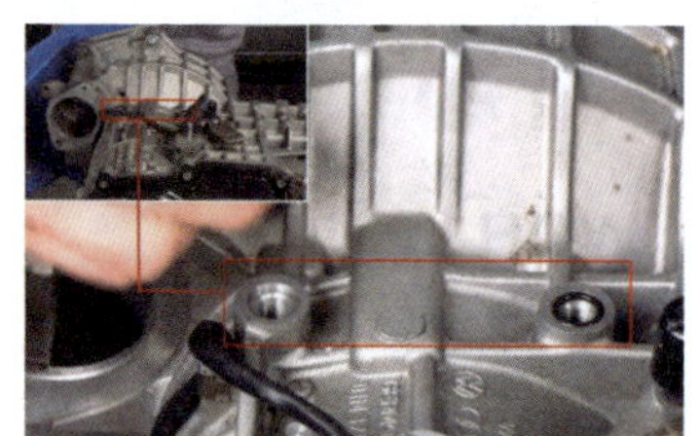 |
| • 松弛链条。拆卸小输入轴固定螺栓时，需要将挂挡摇臂拨至驻车挡<br> | • 固定大太阳轮。将螺丝刀插入大太阳轮的孔内，松开和紧固小输入轴螺栓<br> |



积累丰富的故障诊断案例库是优秀汽车医生成长的捷径

# 任务测评

## 一、知识测评

确定本任务的关键词，按重要程度进行关键词排序并举例解读，然后根据自己对重要信息捕捉、排序、表达、创新和划分权重能力进行自评，满分 100 分，如表 5-1-2 所示。

表 5-1-2　分解检查自动变速器知识测评表

| 序号 | 关键词 | 举例解读 | 评分自定 |
|---|---|---|---|
| 1 | | | |
| 2 | | | |
| 3 | | | |
| 4 | | | |
| 5 | | | |
| 总分 | | | |

## 二、能力测评

对表 5-1-3 所列作业内容，操作规范即得分，操作错误或未操作即零分。

表 5-1-3　分解检查自动变速器能力测评表

| 序号 | 能力点 | 配分 | 得分 |
|---|---|---|---|
| 1 | 准备工作 | 10 | |
| 2 | 自动变速器附件的拆卸 | 30 | |
| 3 | 制动器的拆卸 | 20 | |
| 4 | 离合器的拆卸 | 20 | |
| 5 | 行星架的拆卸 | 20 | |
| 总分 | | 100 | |

## 三、素养测评

对表 5-1-4 所列素养点，做到即得分，未做到即零分。

表 5-1-4　分解检查自动变速器素养测评表

| 序号 | 素养点 | 配分 | 得分 |
|---|---|---|---|
| 1 | 设备和工具安全检查 | 20 | |
| 2 | 车辆安全防护 | 20 | |
| 3 | 工具清洁校准存放 | 20 | |
| 4 | 工量辅具、零部件、油水液体“三不落地” | 20 | |
| 5 | 工位 5S | 20 | |
| 总分 | | 100 | |

## 四、拓展训练

（1）请列举出在分解自动变速器的过程中易出现的问题，分析产生问题的原因并制定解决问题的措施。（满分 25 分）

（2）现发现，2007 款宝来 1.8 L/AT 轿车在驶过程中不能提速，行驶的过程中发动机不能提速，车辆行驶速度慢，在上坡时车辆有时无法起步，初步判断为变速器内部出现问题。试制定变速箱拆装流程。（满分 25 分）

（3）想要把自动变速器分解，就必须了解其内部的结构，分解变速器的时候自然就会得心应手。

请按下列思维导图格式（见图 5-1-24），对分解自动变速器的学习过程进行总结，结合自己在动手操作过程中遇到的问题，想想自己还有哪些不足之处，把自己的不足填到下面的空格处，并说明如何提升自己的能力。（满分 30 分）

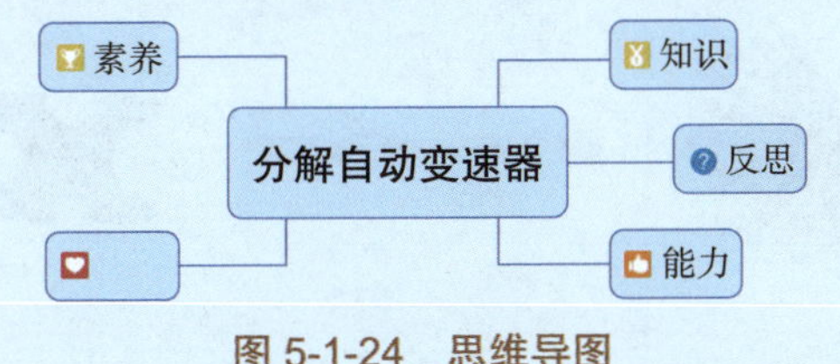


图 5-1-24　思维导图

学习笔记

# 任务二　分解检查自动变速器离合器和制动器

## 职业行动

### 步骤一：作业准备

1. 作业场地

选择带有消防设施的作业场地。

2. 设备设施

2007 款宝来 1.6 L/AT 轿车 01M 自动变速器台架、工具车、零件车、立式千斤顶、垃圾桶。

3. 工量辅具（见表 5-2-1）

表 5-2-1 检查自动变速器工量辅具

| 套筒扳手组合套具 | 抹布 | 油盆 |
|---|---|---|
| | | |
| 塞尺 | 预置力式扭力扳手 | 离合器分离专用工具 |
| | | |

## 职业知识

### 拉维娜式行星齿轮机构

| | |
|---|---|
| 组成 | 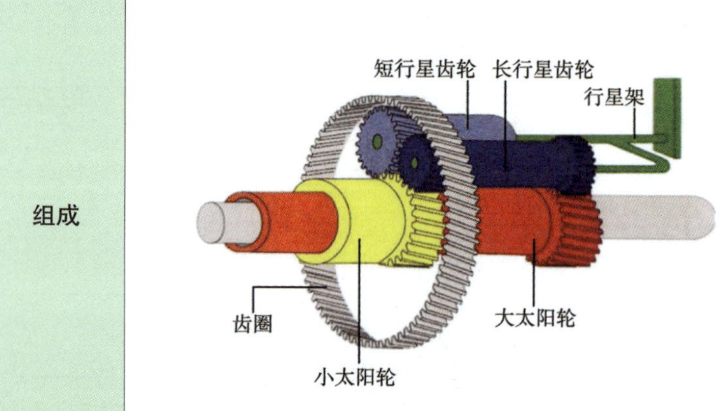 |
| 特点 | • 结构简单、布置紧凑、体积小、重量轻。<br>• 大、小太阳轮都可以作为动力输入元件。<br>• 在一个行星架上安装有互相啮合的两套行星齿轮。<br>• 长行星轮同时与大太阳轮、短行星轮、齿圈相啮合。<br>• 短行星轮与长行星轮和小太阳轮相啮合。<br>• 而长、短行星轮装在同一个行星架上 |

视频

5-2 分解检查自动变速器离合器和制动器

没有日积月累就没有能工巧匠

## 步骤二：检查 B2 制动器

### 1. 检查制动器钢片和摩擦片

（1）检查钢片有无断裂、点蚀、变形等问题，如图 5-2-1 和图 5-2-2 所示。

图 5-2-1　检查钢片

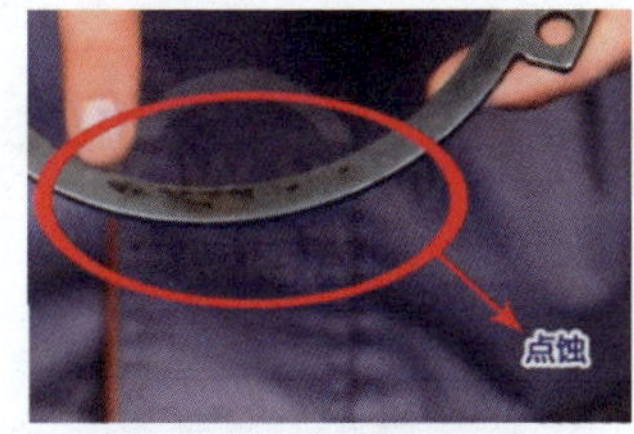


图 5-2-2　钢片损坏情况

（2）检查摩擦片有无断裂、点蚀、变形等问题，如图 5-2-3 所示。

图 5-2-3　检查摩擦片

（3）检查波形片有无变形、断裂的问题，如图 5-2-4 所示。

图 5-2-4　检查波形片

## 辛普森式变速器

| | |
|---|---|
| 组成特点 | 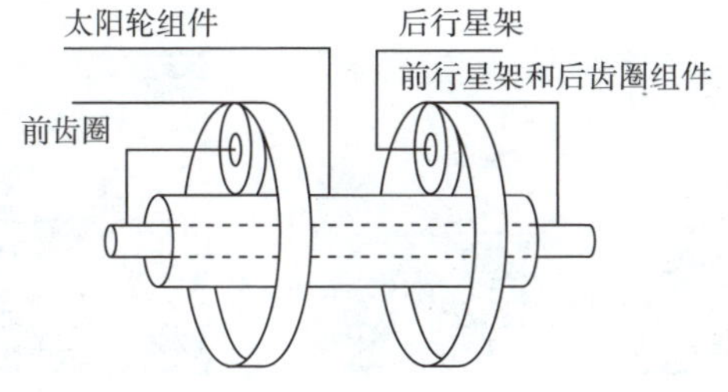 |
| 特点 | • 前后两个行星排的太阳轮连接为一个整体，称为共用太阳轮组件。<br>• 前一个行星排的行星架和后一个行星排的齿圈连接为一个整体，称为前行星架后齿圈组件。<br>• 输出轴通常与前行星架和后齿圈组件连接。<br>• 主要应用型号有丰田系列、别克 4T65E 等 |

## 自动变速器离合器组成及作用

| | |
|---|---|
| 组成 | 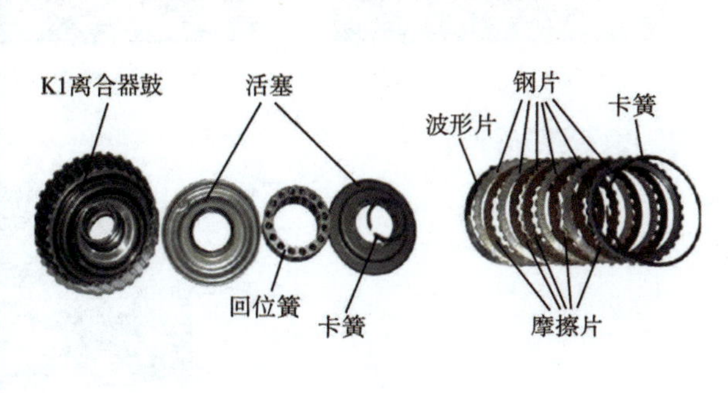 |

学习笔记

### 2. 检查弹簧和弹簧帽

检查弹簧和弹簧帽有无变形的问题，如图 5-2-5 和图 5-2-6 所示。

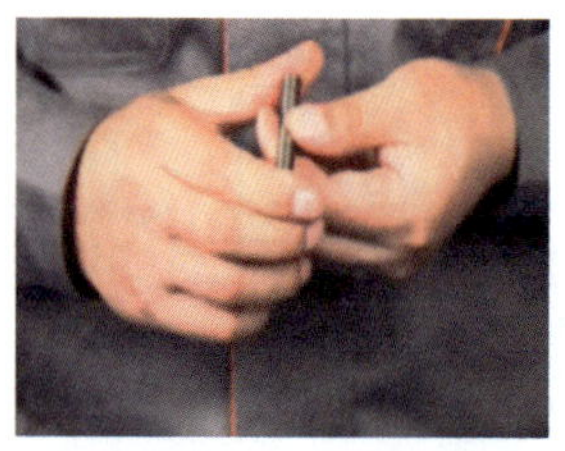

图 5-2-5 检查弹簧

图 5-2-6 检查弹簧帽

## 步骤三：检查 B1( 倒挡 ) 制动器

### 1. 检查制动器钢片和摩擦片

检查钢片有无断裂、点蚀、变形，检查摩擦片有无点蚀、烧蚀、断齿、摩擦材质脱落等问题，如图 5-2-7 和图 5-2-8 所示。

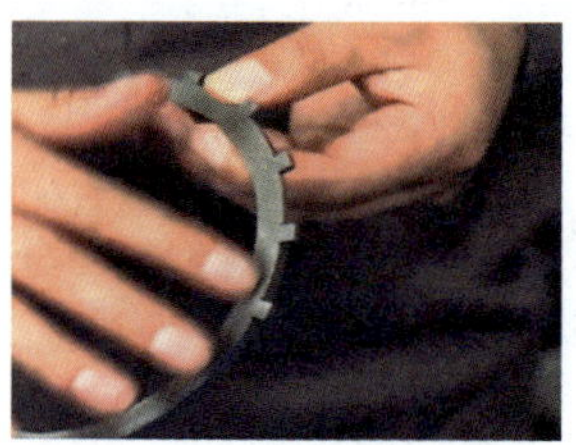

图 5-2-7 检查钢片

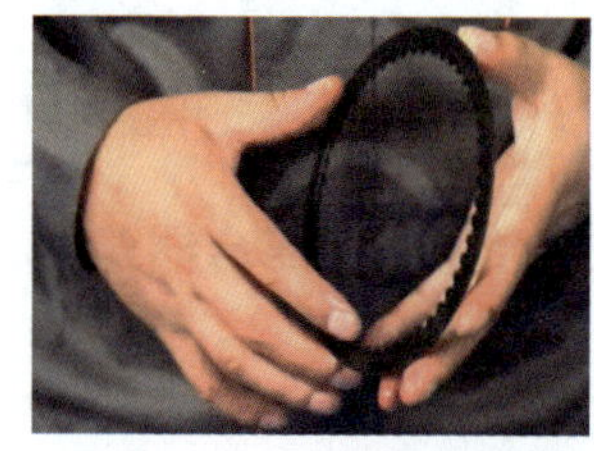

图 5-2-8 检查摩擦片

### 2. 检查碟形弹簧

检查碟形弹簧有无变形断裂、断齿等问题，如图 5-2-9 所示。

图 5-2-9 检查碟形弹簧

续表

| | |
|---|---|
| 作用 | • 连接行星齿轮机构中任意两个元件。<br>• 这两个元件成为一个整体来传递动力。<br>• 离合器位于行星齿轮机构的内部，传递扭矩大，而径向尺寸又受到限制 |

## 自动变速器离合器工作原理

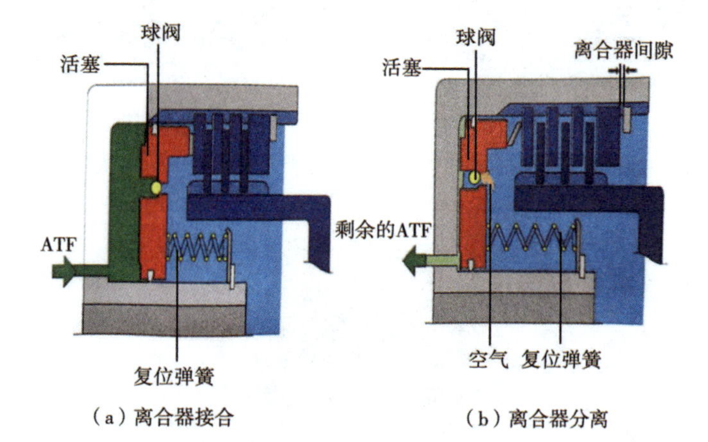


• 离合器的主动片以内花键与行星齿轮机构的某一基本元件相连。

• 从动片外缘的键齿与行星齿轮机构的另外某一基本单元相连。

• 当控制压力油液经油道进入活塞左面时，液压的作用力便克服弹簧弹力使活塞右移，将所有主动片和从动片压紧，离合器集合。

• 当油液控制压力测出后，离合器活塞在弹簧的作用下回复原位，主、从动片彼此分开



没有日积月累就没有能工巧匠

## 步骤四：分解检查 K2（倒挡）离合器

### 1. 检查离合器片

（1）拆卸离合器的挡圈，将钢片和摩擦片取出，如图 5-2-10 和图 5-2-11 所示。

图 5-2-10　拆卸挡圈

图 5-2-11　取出钢片和摩擦片

（2）检查钢片和摩擦片有无断裂、点蚀、变形等问题，如图 5-1-12 和图 5-2-13。

图 5-2-12　检查钢片

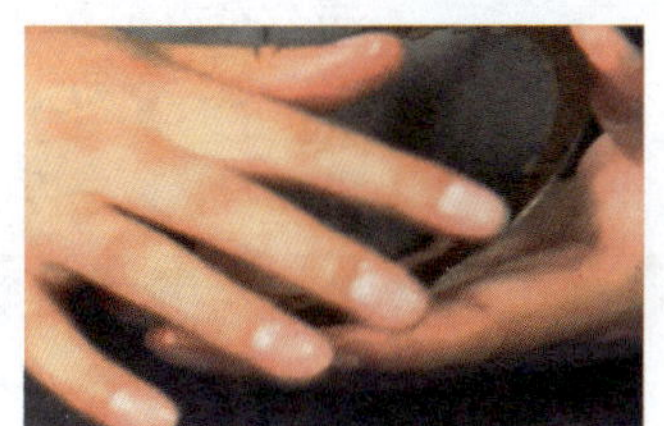

图 5-2-13　检查摩擦片

### 2. 检查波形片和离合器鼓

（1）检查波形片和离合器鼓有无变形、断裂等问题，如图 5-2-14 和图 5-2-15 所示。

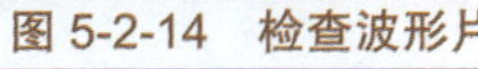

图 5-2-14　检查波形片

图 5-2-15　检查离合器鼓

## 自动变速器离合器分类

**湿式多片离合器**

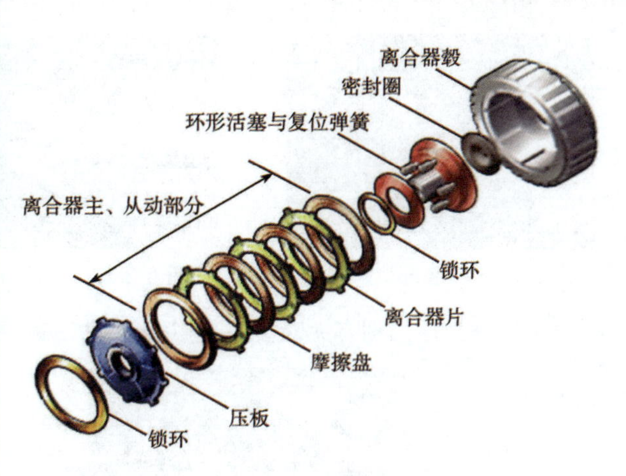


**离心平衡式离合器**

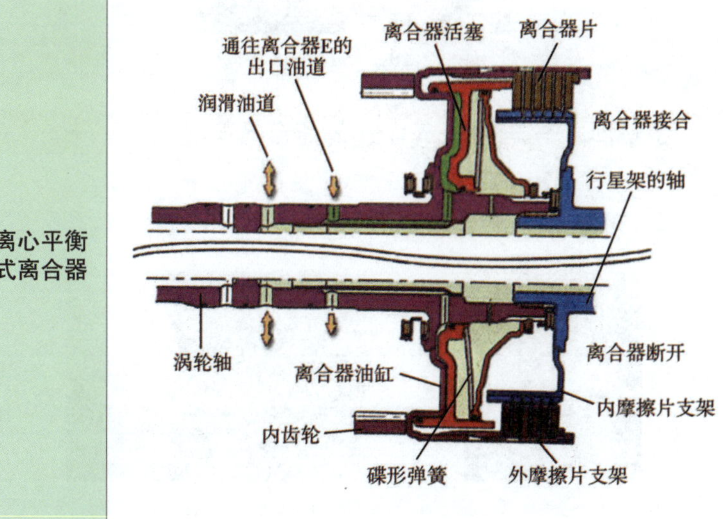


学习笔记

（2）用吹枪检查单向球阀是否导通、球阀平面是否过度磨损，如图 5-2-16 和图 5-2-17 所示。

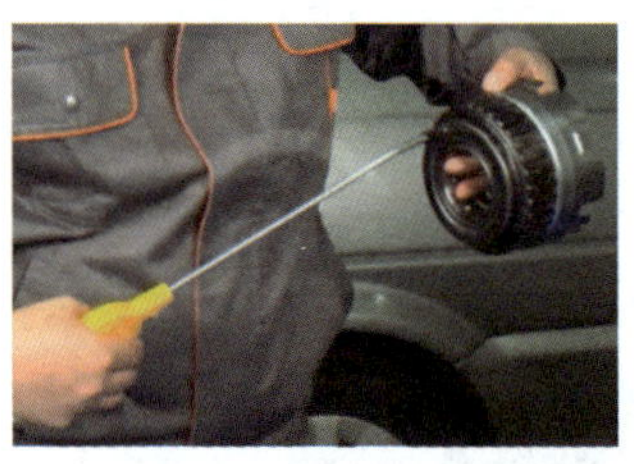
图 5-2-16　检查单向球阀

图 5-2-17　检查球阀平面

（3）检查弹性挡圈有无断裂、变形等问题，如图 5-2-18 所示

图 5-2-18　检查弹性挡圈

## 步骤四：分解检查 K1、K3 离合器

### 1. 分离 K1、K3

将离合器分离，并拆下弹性挡圈，如图 5-2-19 和图 5-2-20 所示。

图 5-2-19　分离 K1 和 K3

图 5-2-20　拆下弹性挡圈

| 自动变速器制动器组成及作用 | |
|---|---|
| 组成 | 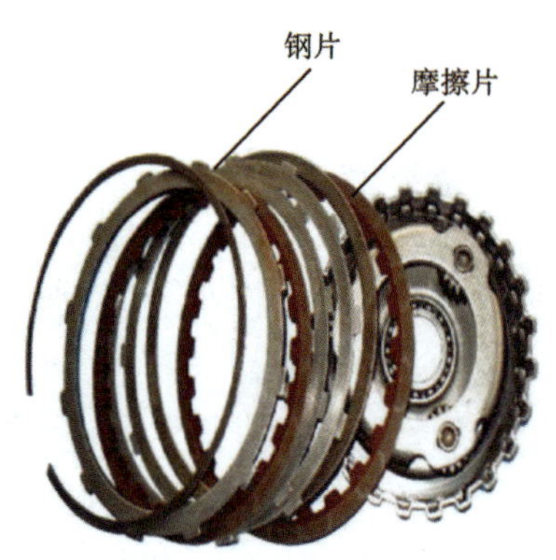 |
| 作用 | • 将行星齿轮机构中的太阳轮、内齿圈或行星架三者之一加以制动。<br>• 改变行星齿轮传动的组合，实现换挡 |

**自动变速器制动器工作原理**

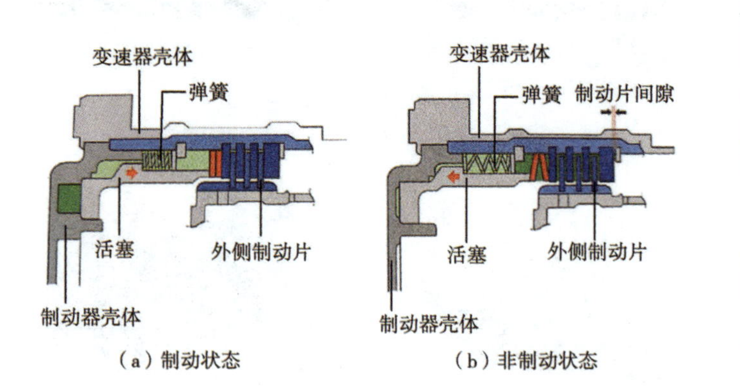

### 2. 分解 K1 离合器

（1）取出 K1 离合器的钢片和摩擦片，如图 5-2-21 所示。

图 5-2-21　取出钢片摩擦片

（2）用螺丝刀将 K1 离合器的支撑环取下，如图 5-2-22 和 5-2-23 所示。

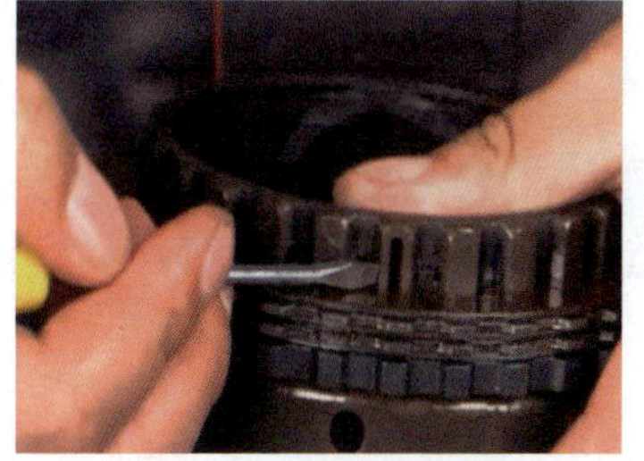

图 5-2-22　拆卸支撑环

图 5-2-23　取下支撑环

### 3. 分解 K3 离合器

（1）将 K3 离合器弹性挡圈取下，并取出钢片和摩擦片进行检查，如图 5-2-24 和图 5-2-25 所示。

图 5-2-24　取下弹性挡圈

图 5-2-25　取出钢片和摩擦片

- 制动器的固定片以外花键与变速箱壳体的相连。
- 从动片外缘的键齿与行星齿轮机构的另外某一基本单元相连。
- 当控制压力油液经油道进入活塞左面时，液压的作用力便克服弹簧弹力使活塞右移，将所有固定片和从动片压紧，制动器集合。
- 当油液控制压力测出后，制动器活塞在弹簧的作用下回复原位，固定片、从动片彼此分开

**自动变速器制动器分类**

| | |
|---|---|
| 带式制动器 | 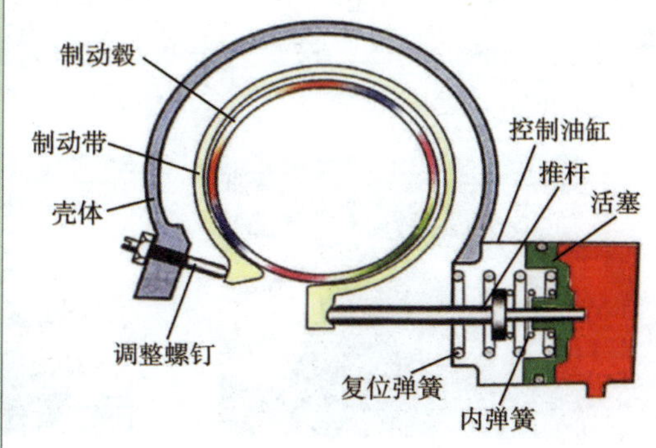 |
| 湿式多片制动器 | 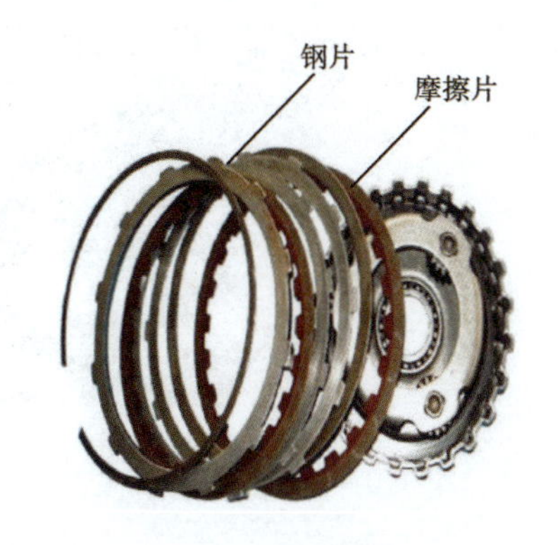 |

学习笔记

学习笔记

（2）检查内外支架有无损坏，如图 5-2-26 所示。

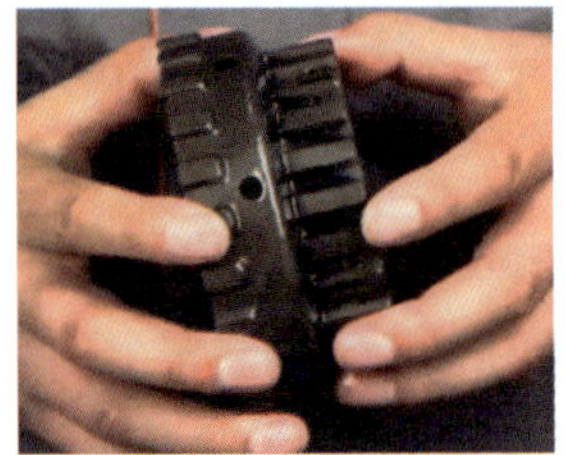

图 5-2-26　检查内外支架

### 4. 检查大、小输入轴

（1）断裂的问题，检查大小输入轴有无损坏，如图 5-2-27 和图 5-2-28 所示。

图 5-2-27　检查小输入轴

图 5-2-28　检查大输入轴

（2）检查单向离合器塑料支架有无损坏，如图 5-2-29 所示。

图 5-2-29　检查单向离合器

**拆解方法及要求**

| | |
|---|---|
| • 安装行星架。安装行星架时，用手勾住行星架缓缓放入变速器内部<br> | 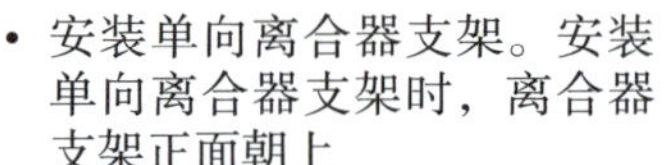<br>• 安装单向离合器支架。安装单向离合器支架时，离合器支架正面朝上<br>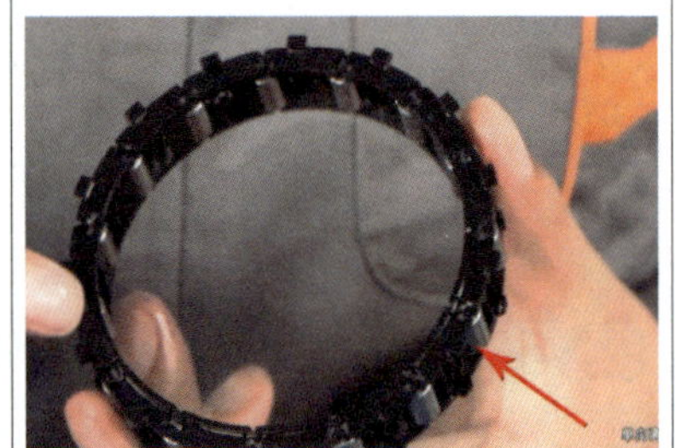 |
| • 安装单向离合器。安装单向离合器时，定位销应对准变速器的定位槽<br> | 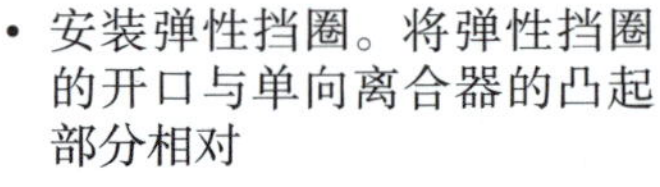<br>• 安装弹性挡圈。将弹性挡圈的开口与单向离合器的凸起部分相对<br> |

# 任务测评

## 一、知识测评

确定本任务如关键词，按重要程度进行关键词排序并举例解读，然后根据自己对重要信息捕捉、排序、表达、创新和划分权重能力进行自评，满分 100 分，如表 5-2-2 所示。

表 5-2-2　分解检查自动变速器离合器和制动器知识测评表

| 序号 | 关键词 | 举例解读 | 评分自定 |
|---|---|---|---|
| 1 | | | |
| 2 | | | |
| 3 | | | |
| 4 | | | |
| 5 | | | |
| 总分 | | | |

## 二、能力测评

对表 5-2-3 所列作业内容，操作规范即得分，操作错误或未操作即零分。

表 5-2-3　分解检查自动变速器离合器和制动器能力测评表

| 序号 | 能力点 | 配分 | 得分 |
|---|---|---|---|
| 1 | 准备工作 | 10 | |
| 2 | 离合器 K1、K2、K3 的分解与检查 | 30 | |
| 3 | 制动器 B1、B2 的分解与检查 | 20 | |
| 4 | 大小输入轴的检查 | 20 | |
| 5 | 单向离合器的检查 | 20 | |
| 总分 | | 100 | |

## 三、素养测评

对表 5-2-4 所列素养点，做到即得分，未做到即零分。

表 5-2-4　分解检查自动变速器离合器和制动器素养测评表

| 序号 | 素养点 | 配分 | 得分 |
|---|---|---|---|
| 1 | 设备和工具安全检查 | 20 | |
| 2 | 车辆安全防护 | 20 | |
| 3 | 工具清洁校准存放 | 20 | |
| 4 | 工量辅具、零部件、油水液体“三不落地” | 20 | |
| 5 | 工位 5S | 20 | |
| 总分 | | 100 | |

## 四、拓展训练

（1）请列举出在检查自动变速器离合器和制动器的过程中易出现的问题，分析产生问题的原因并制定解决问题的措施。（满分 25 分）

（2）现发现，2007 款宝来 1.8 L/AT 轿车在驶过程中不能提速，行驶过程中发动机不能提速，车辆行驶速度慢，在上坡时车辆有时无法起步。经过拆装，初步判断为变速器内部制动器和离合器出现问题。试制定变速器拆装流程。（满分 25 分）

（3）请按下列思维导图格式（见图 5-2-30），对分解检查自动变速器离合器和制动器的学习过程进行总结，搜集 2 个离合器、制动器故障现象，用鱼骨图分析故障原因，并做成案例，放到自己的案例库中。（满分 50 分）

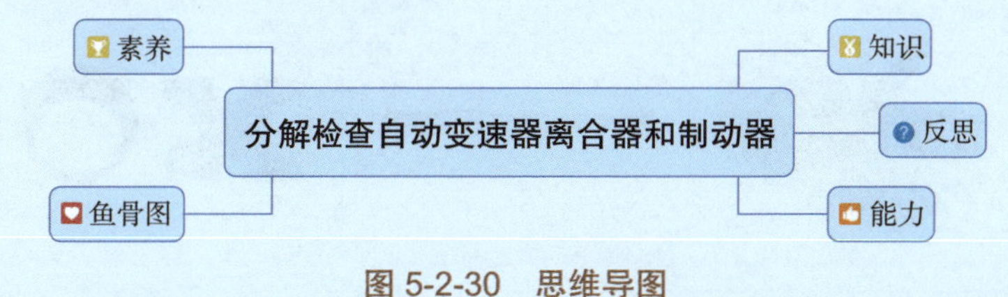


图 5-2-30　思维导图

学习笔记

# 任务三　安装与调整自动变速器

## 职业行动

### 步骤一：作业准备

1. 作业场地

选择带有消防设施的作业场地。

2. 设备设施

2007 款宝来 1.6 L/AT 轿车 01M 自动变速器、手电筒、工具车、零件车、垃圾桶。

3. 工量辅具（见表 5-3-1）

表 5-3-1　安装与调整自动变速器工量辅具

| 套筒扳手组合套具 | 抹布 | 油盆 |
|---|---|---|
| 塞尺 | 预置力式扭力扳手 | 离合器分离专用工具 |

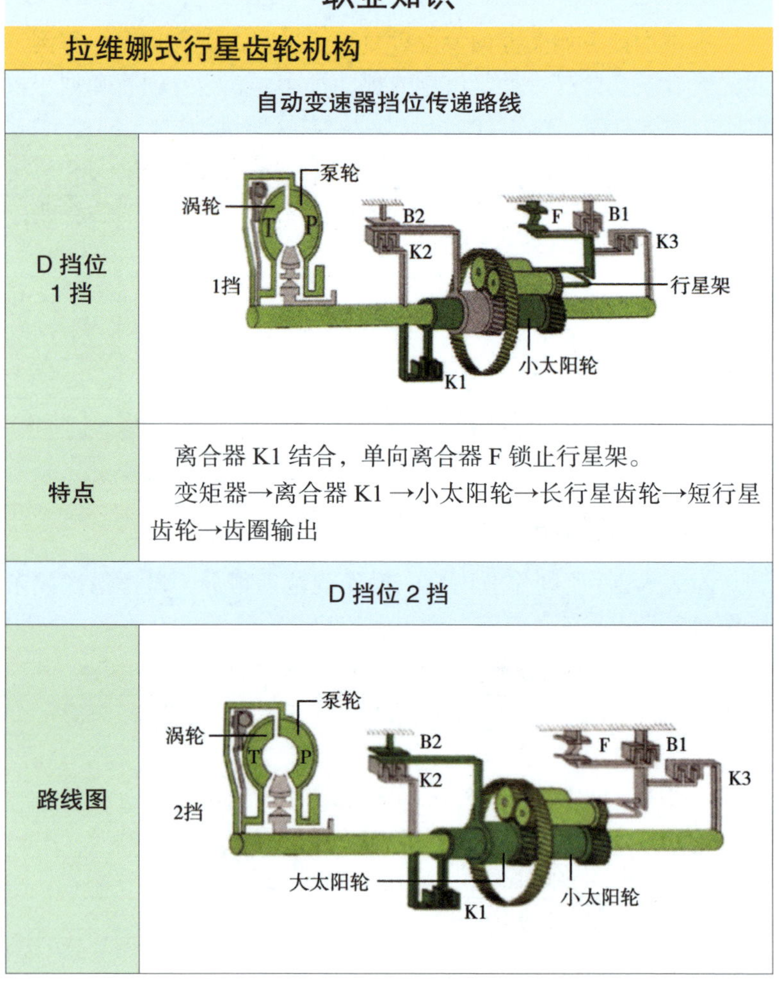
## 职业知识

### 拉维娜式行星齿轮机构

| 自动变速器挡位传递路线 | |
|---|---|
| D 挡位 1 挡 | （图） |
| 特点 | 离合器 K1 结合，单向离合器 F 锁止行星架。<br>变矩器→离合器 K1 →小太阳轮→长行星齿轮→短行星齿轮→齿圈输出 |
| D 挡位 2 挡 | |
| 路线图 | （图） |



视频

5-3 安装与调整自动变速器

熟能生巧——熟是指肯干，巧是指思考

## 步骤二：行星架、B1 制动器和单向离合器的安装

### 1. 安装行星架与 B1 制动器

用手指勾住行星架，并将其放入到座孔内，安装 B1 倒挡制动器钢片和摩擦片，如图 5-3-1 和图 5-3-2 所示。

图 5-3-1　安装行星架

图 5-3-2　安装制动器钢片和摩擦片

### 2. 安装单向离合器

（1）安装蝶形弹簧和单向离合器活塞，如图 5-3-3 和图 5-3-4 所示。

图 5-3-3　安装蝶形弹簧

图 5-3-4　安装单向离合器活塞

（2）安装单向离合器，使离合器上的油孔与壳体上的油孔保持对应。安装弹性挡圈，如图 5-3-5 和图 5-3-6 所示。

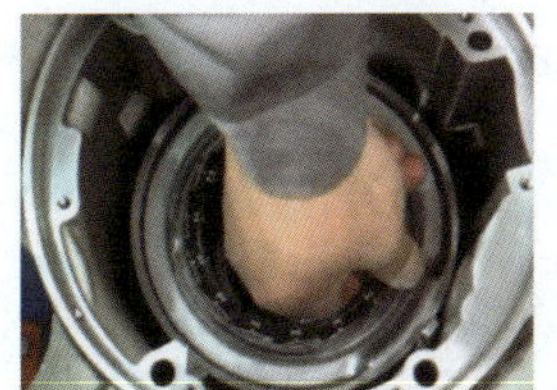
图 5-3-5　安装单向离合器

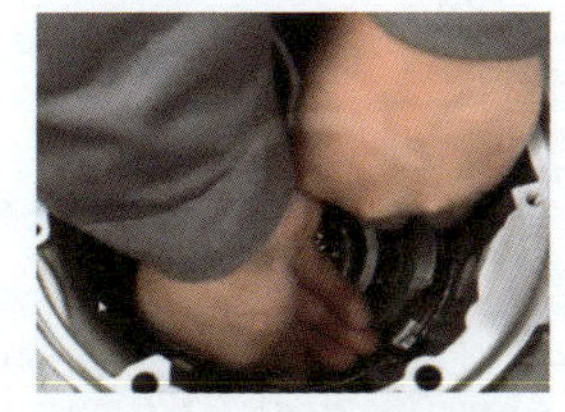
图 5-3-6　安装弹性挡圈

续表

| | |
|---|---|
| 挡位传递路线 | 离合器 K1 结合，制动器 B2 结合。<br>变矩器→离合器 K1 →小太阳轮→长行星齿轮→短行星齿轮→齿圈输出 |
| D 挡位 3 挡 | |
| 路线图 | 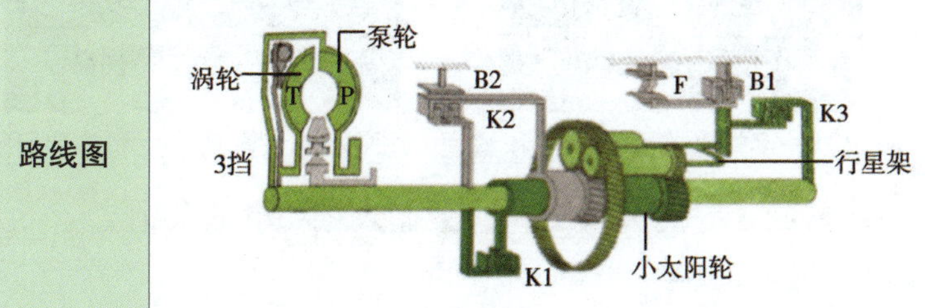 |
| 挡位传递路线 | 离合器 K1 结合，离合器 K3 结合。<br>由于离合器 K1 和离合器 K3 同时结合，因此小太阳轮和行星架被锁成一体，于是整个行星齿轮机构被锁成一体，以直接挡传递动力 |
| D 挡位 4 挡 | |
| 路线图 | 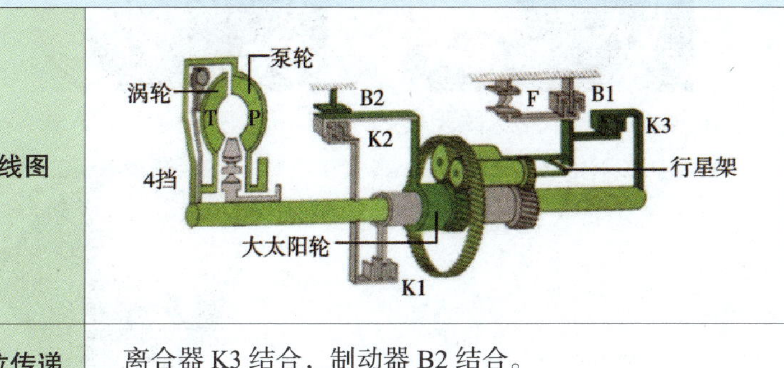 |
| 挡位传递路线 | 离合器 K3 结合，制动器 B2 结合。<br>变矩器→离合器 K3 →行星架→短行星齿轮→齿圈输出 |

学习笔记

## 步骤三：测量 B1 制动器的间隙

在阀体下找到 B1 制动器，并用一字螺丝刀撬开钢片和垫片，使用塞尺测量钢片和垫片之间的间隙，如图 5-3-7 和图 5-3-8 所示。

图 5-3-7　一字螺丝刀撬开钢片和垫片

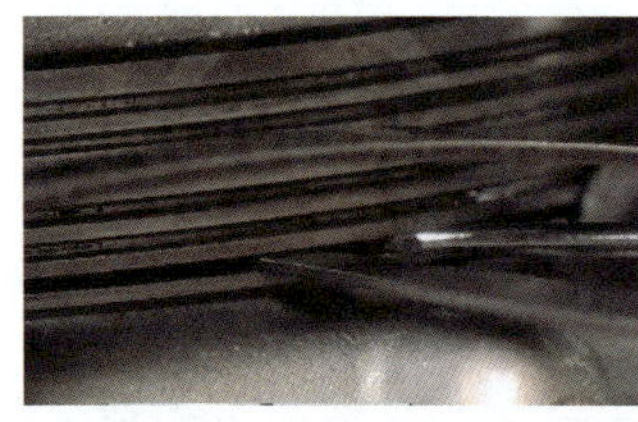
图 5-3-8　测量钢片和垫片间隙

## 步骤四：安装大太阳轮、大输入轴和小输入轴

### 1. 安装大太阳轮

安装大太阳轮及滚针轴承和大输入轴及滚针轴承，如图 5-3-9 和图 5-3-10 所示。

图 5-3-9　安装大太阳轮

图 5-3-10　安装大输入轴

### 2. 安装小输入轴

（1）将小输入轴装入，如图 5-3-11 所示。

图 5-3-11　安装小输入轴

续表

| R 位倒挡 | |
|---|---|
| 路线图 | 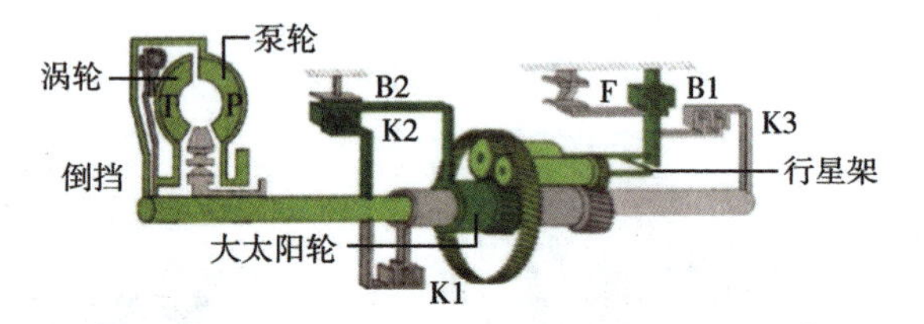 |
| 挡位传递路线 | 离合器 K2 结合，制动器 B1 结合。<br>变矩器→离合器 K2 →大太阳轮→短行星齿轮→齿圈输出 |
| **调整行星架间隙** | |
| 垫片位置 | 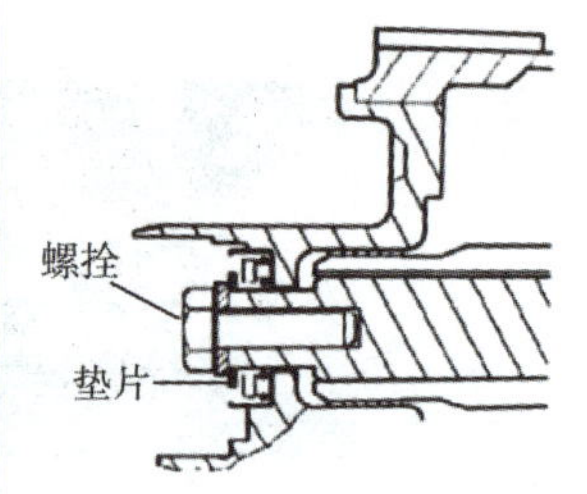 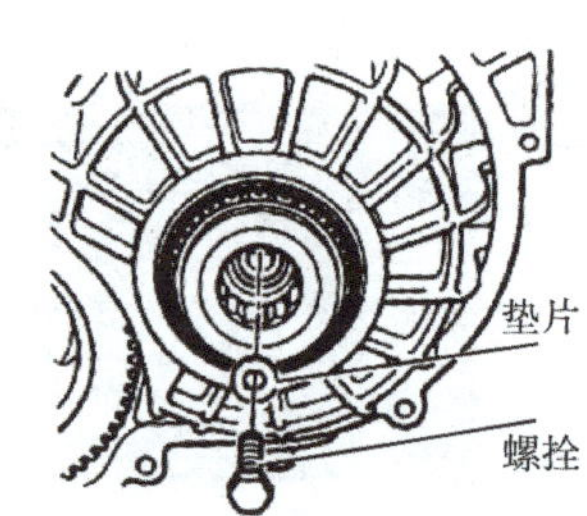 |
| 垫片选择方法 | • 以 1 mm 预紧量将千分表装到螺栓头中间。<br>• 将千分表置 0，上下移动小输入轴并读出测量值。<br>• 按确定规格调整垫片的厚度并按备件目录查找零件号。<br>• 拆下小输入轴螺栓。<br>• 将已确定的调整垫片装到小输入轴上，将小输入轴螺栓连同垫圈一同拧紧，拧紧力矩为 30 N • m |



熟能生巧——熟是指肯干，巧是指思考

（2）安装小输入轴固定螺栓，螺栓力矩为 30 N•m，如图 5-3-12 和图 5-3-13 所示。

图 5-3-12　螺栓安装位置

图 5-3-13　固定小输入轴螺栓

（3）安装变速器后壳，螺栓力矩为 8 N • m，如图 5-3-14 和图 5-3-15 所示。

图 5-3-14　安装油底壳螺栓

图 5-3-15　紧固油底壳螺栓

## 步骤五：组装 K1、K3 离合器

### 1. 组装 K3 离合器

安装 K3 离合器钢片和摩擦片，并安装弹性挡圈，如图 5-3-16 和图 5-3-17 所示。

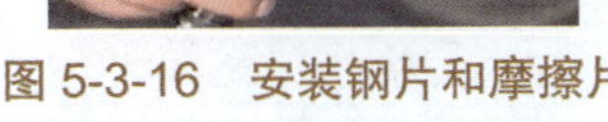

图 5-3-16　安装钢片和摩擦片

图 5-3-17　安装弹性挡圈

续表

| | 测量值 | 调整垫片厚度 | 测量值 | 调整垫片厚度 |
|---|---|---|---|---|
| 垫片的规格（mm） | 1.26 ～ 1.35 | 1.0 | 2.26 ～ 2.35 | 2.0 |
| | 1.36 ～ 1.45 | 1.1 | 2.36 ～ 2.45 | 2.1 |
| | 1.46 ～ 1.55 | 1.2 | 2.46 ～ 2.55 | 2.2 |
| | 1.56 ～ 1.65 | 1.3 | 2.56 ～ 2.65 | 2.3 |
| | 1.66 ～ 1.75 | 1.4 | 2.66 ～ 2.75 | 2.4 |
| | 1.76 ～ 1.85 | 1.5 | 2.76 ～ 2.85 | 2.5 |
| | 1.86 ～ 1.95 | 1.6 | 2.86 ～ 2.95 | 2.6 |
| | 1.96 ～ 2.05 | 1.7 | 2.96 ～ 3.05 | 2.7 |
| | 2.06 ～ 2.15 | 1.8 | 3.06 ～ 3.15 | 2.8 |
| | 2.16 ～ 2.25 | 1.9 | 3.16 ～ 3.25 | 2.9 |
| 要求 | • 调整行星架时，需要将所有部件装入变速器壳体。<br>• 为了便于紧固小输入轴螺栓，需要将旋具插入大太阳轮孔内。<br>• 装上带垫圈的小输入轴螺栓，不需要装调整垫片。<br>• 重新安装千分表，并测量间隙值。间隙值最小为 0.23 mm，最大为 0.37 mm | | | |
| 调整倒挡制动器 B1 的间隙 | | | | |
| 调整垫片的位置 | • A——调整垫片。<br>• $X$——间隙值。<br>• $I$——单向离合器内活塞位置。<br>• $m$——带压盘的片组高度。<br>• $K$——恒定值，一般取 26.8 mm | 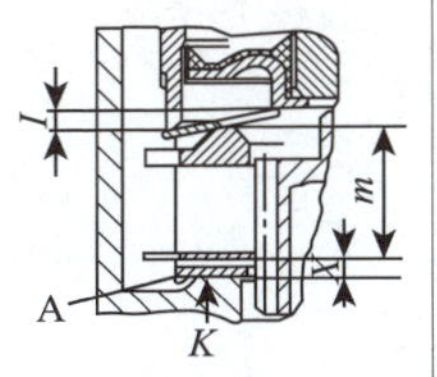 | | |

学习笔记

### 2. 测量 K1、K3 离合器片间隙

测量 K1、K3 离合器片的间隙，测量值应在 0.5 ～ 1.2 mm 之间，如图 5-3-18 和图 5-3-19 所示。

图 5-3-18　测量 K1 离合器片间隙

图 5-3-19　测量 K3 离合器片间隙

### 3. 组装 K1、K3 离合器

（1）将组装好的内外支架按到 K1 离合器上，如图 5-3-20 所示。组装 K1、K3 离合器，并用压床紧固，如图 5-3-21 和图 5-3-22 所示。

图 5-3-20　安装内外支架

图 5-3-21　组装 K1、K3 离合器

图 5-3-22　用压床紧固

续表

<table>
<tr><td>垫片选择方法</td><td>• 确定 $l$ 的尺寸。按箭头方向将活塞压到挡块处，将导板放到单向离合器外环上，用深度尺测量活塞内棱。<br>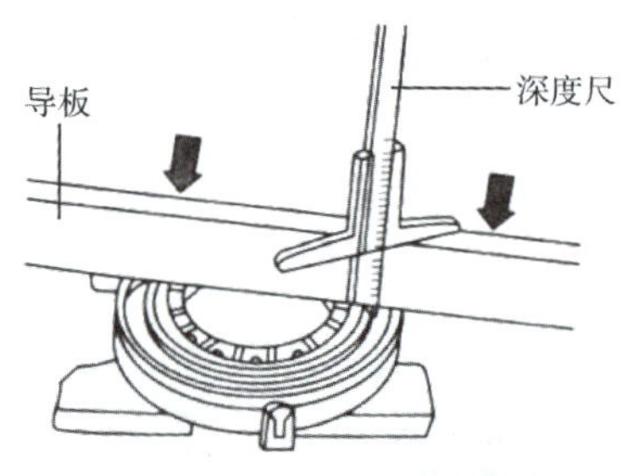<br><br>• 确定 $m$ 的尺寸。将导板放到压盘上按箭头方向压缩带压盘的片组并用深度尺测量片组厚度。<br>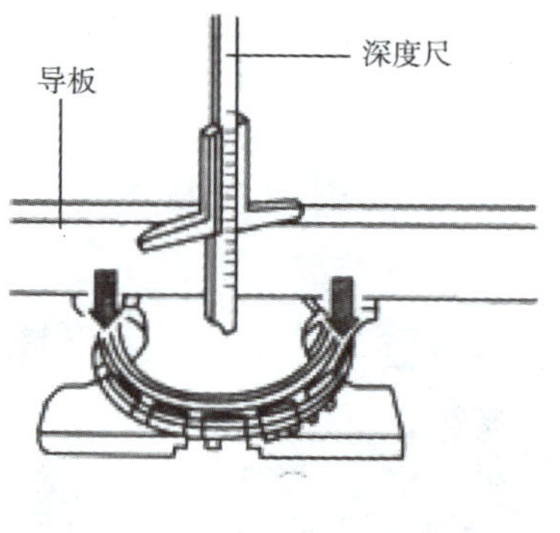<br></td></tr>
</table>



熟能生巧——熟是指肯干，巧是指思考

（2）将滚针轴承放入大输入轴底部，然后放入变速箱壳体内部，使 K3 离合器与小输入轴结合，如图 5-3-23 和图 5-3-24 所示。

图 5-3-23　安装滚针轴承

图 5-3-24　使 K3 离合器与小输入轴结合

## 步骤六：安装 K2 离合器、B2 制动器和油泵

### 1. 安装 K2 离合器

（1）安装 K2 离合器摩擦片和钢片，如图 5-3-25 和图 5-3-26 所示，并测量离合器片间隙，如图 5-3-27 所示，应在 0.5 ～ 1.2 mm 之间。

图 5-3-25　安装 K2 摩擦片

图 5-3-26　安装 K2 钢片

图 5-3-27　测量 K2 离合器片间隙

续表

<table>
<tr><td>垫片选择方法<br>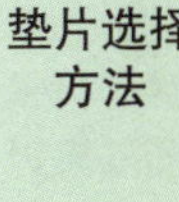</td><td colspan="4">• 设 $m$ 为 25.3，$I$ 为 3.6， 则 $X=K+I/2-m=(26.8+3.6/2-25.3)\text{mm}=3.3\text{ mm}$。计算间隙值 $X$。根据间隙值确定调整垫片尺寸如下表所示。调整垫片的厚度为 1.9 mm。<br>• 测量倒挡制动器 B。装配制动器 B，并用塞尺测量制动片之间间隙，间隙的规定值为 1.20~1.80 mm<br>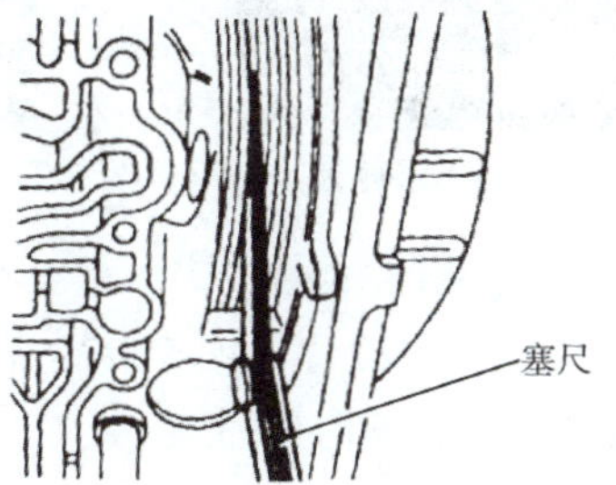<br></td></tr>
<tr><td rowspan="11">垫片的规格（mm）</td><td>测量值</td><td>调整垫片厚度</td><td>测量值</td><td>调整垫片厚度</td></tr>
<tr><td>2.36 ～ 2.45</td><td>1.0</td><td>3.36 ～ 3.45</td><td>1.0+1.0</td></tr>
<tr><td>2.46 ～ 2.55</td><td>1.1</td><td>3.46 ～ 3.55</td><td>1.0+1.1</td></tr>
<tr><td>2.56 ～ 2.65</td><td>1.2</td><td>3.56 ～ 3.65</td><td>1.1+1.1</td></tr>
<tr><td>2.66 ～ 2.75</td><td>1.3</td><td>3.66 ～ 3.75</td><td>1.1+1.2</td></tr>
<tr><td>2.76 ～ 2.85</td><td>1.4</td><td>3.76 ～ 3.85</td><td>1.2+1.2</td></tr>
<tr><td>2.86 ～ 2.95</td><td>1.5</td><td>3.86 ～ 3.95</td><td>1.2+1.3</td></tr>
<tr><td>2.96 ～ 3.05</td><td>1.6</td><td>3.96 ～ 4.05</td><td>1.3+1.3</td></tr>
<tr><td>3.06 ～ 3.15</td><td>1.7</td><td>4.06 ～ 4.15</td><td>1.3+1.4</td></tr>
<tr><td>3.16 ～ 3.25</td><td>1.8</td><td>4.16 ～ 4.25</td><td>1.4+1.4</td></tr>
<tr><td>3.26 ～ 3.35</td><td>1.9</td><td></td><td></td></tr>
</table>

学习笔记

（2）将 K2 离合器放入变速器内，安装 B2 制动器隔离管，如图 5-3-28 和图 5-3-29 所示。

图 5-3-28　将 K2 离合器放入变速器

图 5-3-29　安装 B2 制动器隔离管

## 2. 安装 B2 制动器片及油泵

（1）安装 B2 制动器片如图 5-3-30 所示，并测量变速器壳体到钢片距离以及 B2 制动器片间隙，如图 5-3-31 和图 5-3-32 所示。

图 5-3-30　安装 B2 制动器片

图 5-3-31　测量变速器壳体到钢片距离

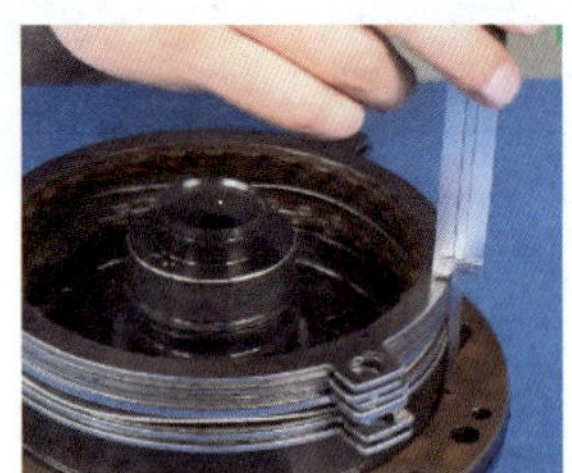

图 5-3-32　测量 B2 制动器片间隙

<table>
<tr><th colspan="2">调整离合器 K1 和 K2 之间的间隙</th></tr>
<tr><td>垫片的位置</td><td>• A——调整垫片。<br>• 1——自动变速器油泵。<br>• 2——倒挡离合器 K2。<br>• 3——1 挡到 3 挡离合器 K1。<br>• 4——4 挡离合器 K3<br>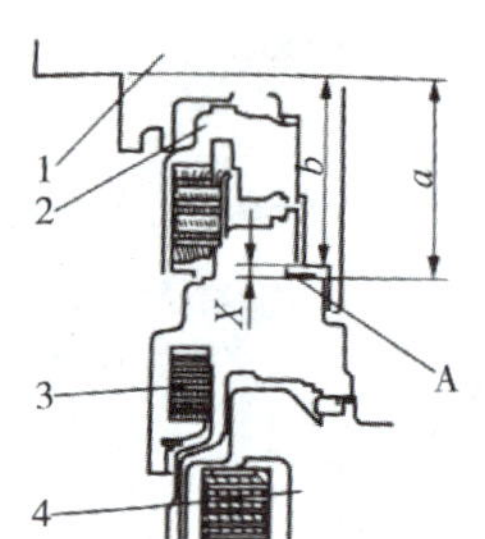<br></td></tr>
<tr><td>垫片选择方法</td><td>• 确定尺寸 a。将导板放到变速器壳体上，按箭头方向向下压 K 并用深度尺测量 K。举例：测量值 1=88.5 mm。<br>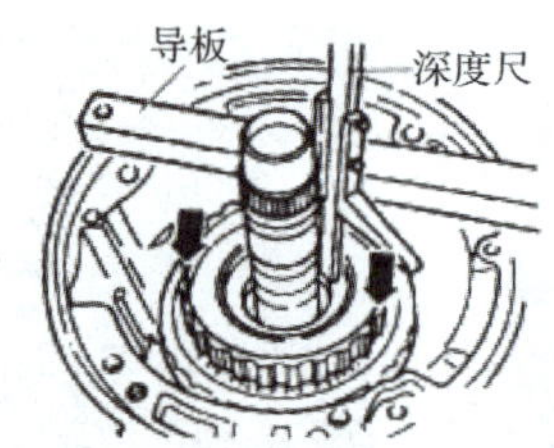<br><br>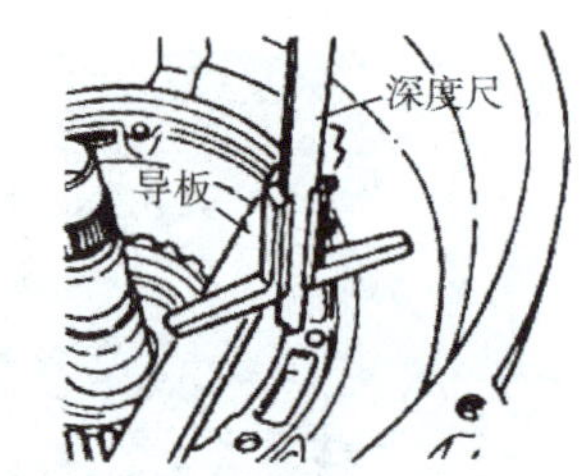<br><br>测量变速器壳体上的油泵法兰厚度：<br>• 用深度尺测量变速器壳体上的油泵法兰的厚度。举例：测量值 2=34.3 mm，则 a= 测量值 1- 测量值 2=88.5 mm-34.3 mm=54.2 mm。<br>• 确定尺寸 b。将导板装到导轮支座上，用深度尺测量油泵法兰密封垫。举例：测量值为 70.5 mm，导板厚度为 19.5 mm，则 b= 测量值 - 导板厚度 =70.5 mm-19.5 mm=51.0 mm。</td></tr>
</table>



熟能生巧——熟是指肯干，巧是指思考

（2）安装 B2 制动器摩擦片和钢片、弹簧帽和弹簧，最后将顶片安装到弹簧冒上，如图 5-3-33 和图 5-3-34 所示。

图 5-3-33　安装 B2 制动器摩擦片

图 5-3-34　安装 B2 制动器钢片

（3）安装油泵，并紧固螺栓至 8 N • m+90° ，如图 5-3-35 和图 5-3-36 所示。

图 5-3-35　安装油泵

图 5-3-36　紧固油泵螺栓

续表

| | | | | |
|---|---|---|---|---|
| 垫片选择方法 | 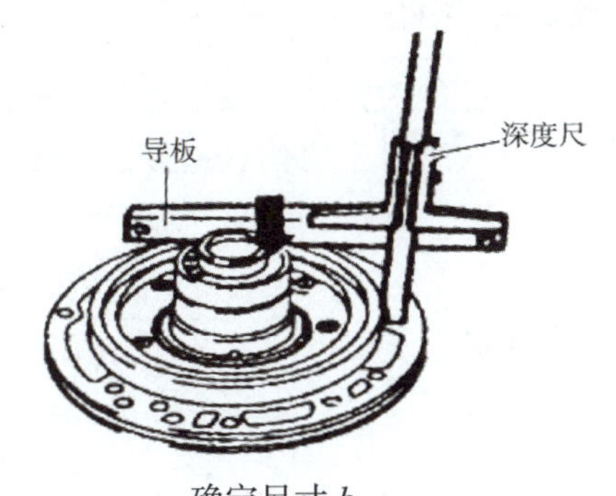  确定尺寸 $b$<br>• 计算间隙 $X=a-b$=54.2 mm−51.0 mm=3.2 mm。根据调整垫片规格表确定调整垫片为 2 个 1.2 mm 厚度。 | | | |
| 垫片的规格（mm） | 测量值 | 调整垫片厚度 | 测量值 | 调整垫片厚度 |
| | 0 ～ 2.54 | 1.4 | 3.90 ～ 4.29 | 1.6+1.6 |
| | 2.55 ～ 3.09 | 1+1 | 4.30 ～ 4.69 | 1.8+1.8 |
| | 3.10 ～ 3.49 | 1.2+1.2 | 4.70 ～ 5.04 | 1.2+1.2+1.6 |
| | 3.50 ～ 3.89 | 1.4+1.4 | 5.05 ～ 5.26 | 1.2+1.2+1.8 |

学习笔记

# 任务测评

## 一、知识测评

确定本任务的关键词，按重要程度进行关键词排序并举例解读，然后根据自己对重要信息捕捉、排序、表达、创新和划分权重能力进行自评，满分 100 分，如表 5-3-2 所示。

表 5-3-2 安装与调整自动变速器知识测评表

| 序号 | 关键词 | 举例解读 | 评分自定 |
|---|---|---|---|
| 1 | | | |
| 2 | | | |
| 3 | | | |
| 4 | | | |
| 5 | | | |
| 总分 | | | |

## 二、能力测评

对表 5-3-3 所列作业内容，操作规范即得分，操作错误或未操作即零分。

表 5-3-3 安装与调整自动变速器能力测评表

| 序号 | 能力点 | 配分 | 得分 |
|---|---|---|---|
| 1 | 准备工作 | 10 | |
| 2 | 变速器的安装 | 30 | |
| 3 | 制动器 B1,B2 的分解与检查 | 20 | |
| 4 | 离合器的组装和测量 | 20 | |
| 5 | 变速器的调整 | 20 | |
| 总分 | | 100 | |

## 三、素养测评

对表 5-3-4 所列素养点，做到即得分，未做到即零分。

表 5-3-4 安装与调整自动变速器素养测评表

| 序号 | 素养点 | 配分 | 得分 |
|---|---|---|---|
| 1 | 设备和工具安全检查 | 20 | |
| 2 | 车辆安全防护 | 20 | |
| 3 | 工具清洁校准存放 | 20 | |
| 4 | 工量辅具、零部件、油水液体“三不落地” | 20 | |
| 5 | 工位 5S | 20 | |
| 总分 | | 100 | |

## 四、拓展训练

（1）请列举出在安装与调整自动变速器的过程中易出现的问题，分析产生问题的原因并制定解决问题的措施。（满分 25 分）

（2）现发现，2007 款宝来 1.8 L/AT 轿车在驶过程中不能提速，发动机加不能加速，车辆行驶速度慢，在上坡时车辆有时无法起步。经过拆装，初步判断为变速器内部制动器和离合器间隙出现问题。试制定变速箱拆装流程。（满分 25 分）

（3）变速器大修后，原有的精度会发生变化，需要对变速器精度进行测量与调整。差之毫厘，谬以千里，误差会对变速器造成损毁。在测量精度时需要具备一丝不苟工匠精神，经过准确的测量，才能做出正确的调整，才可以保证大修后变速器的性能。

请按下列思维导图格式（见图 5-3-37），对安装与调整自动变速器的学习过程进行总结。一个优秀的维修人员应该具备哪些优秀的品质？把你能想到的至少五个品质填到下面的空格处。（满分 50 分）

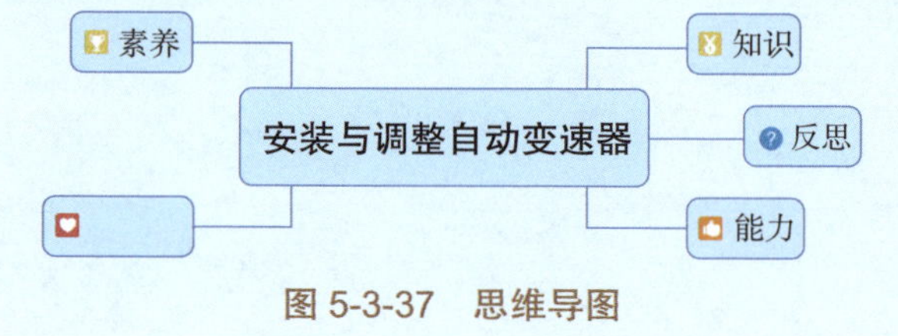


图 5-3-37 思维导图



熟能生巧——熟是指肯干，巧是指思考

学习笔记

# 学习考评

## 一、考评项目

根据所学，请对 2019 款宝来 1.6 L 运动版自动变速器离合器和制动器进行分解与间隙测量。

## 二、实施准备

### 1. 学生准备

学生按照教学进度计划，已经完成了以下学习任务并达到了 75 分以上，可进行该学习考评的实施。

（1）理解并完成学习考评需要的相关知识和方法的学习，得分大于 75 分。

（2）运用学习考评需要的相关知识和方法进行作业，得分大于 75 分。

（3）按时、按质、按量完成相应作业，得分大于 80 分。

（4）具有自觉遵守技术标准和要求规定、规范操作、安全、环保、5S 作业、团结协作的好习惯，得分大于 80 分。

（5）能制定 01M 自动变速器离合器和制动器安装与调整流程。

### 2. 教师准备

（1）在安排学生实施学习考评前，通过课堂问题研讨、作业、实训和考核及其他方式，确认学生已经具备了实施学习考评所需的知识、技能和素养，并确保学生在安全状态下独立进行。

（2）对协助教师进行测评的学生进行测评和监督方法的培训，确保测评结果的准确性和公平性。

## 三、验证方法与标准

（1）每位测评人员负责对两名学生进行定点、全过程的监控和测评。

（2）详细记录学生在实施学习考评过程中的相关信息、数据、结果、操作方法、完成时间，以及出现错误、事故等情况。

（3）学习考评的作业过程和数据记录等，要求在 60 分钟内完成，时间不足，可在即将结束时，口述剩余部分的作业方法。

（4）考核内容及标准如下表所示。

| 序号 | 作业项目 | 考核内容 | 考核标准 | 配分 | 得分 |
|---|---|---|---|---|---|
| 1 | 离合器的组装与测量 | 离合器的组装 | 检查流程错误扣 10 分 | 20 | |
| | | 离合器的测量 | 检查流程错误扣 10 分 | | |
| 2 | 制动器的组装与测量 | 制动器的分解 | 检查流程错误扣 10 分 | 20 | |
| | | 制动器的测量 | 检查流程错误扣 10 分 | | |
| 3 | 自动变速的组装与调整 | 自动变速器的安装 | 检查流程错误扣 20 分 | 40 | |
| | | 自动变速器的调整 | 检查流程错误扣 20 分 | | |
| 4 | 查阅资料 | 正确查阅检修资料 | 未查阅或查阅不正确 10 分 | 10 | |
| 5 | 安全文明生产 | 遵守规程、安全生产 | 每违犯一项扣 1 分直至扣完 | 10 | |
| | | 因违犯操作规程造成事故 | 因违规操作发生重大人身或设备事故，此题按 0 分计 | | |
| 总分 | | | | 100 | |

## 四、考评报告

**说明：** 考评分为理论考评和实操考评，理论考评根据项目要求以及考评模板格式制定项目实施方案，方案经老师审核合格后，方可进行实操考核。考评报告模板详见附录 A。

# 拓展阅读

## 鱼骨图与汽车医生

掌握了几种汽车医生的故障诊断工具？哪一种最有体会？面对故障现象有没有望闻问切的渴望？百尺竿头更进一步，日日新，月月新，心中日月长新美！

**故障现象：**

行驶途中，自动变速器只能升 1 挡，不能升 2 挡或高挡；或可升 2 挡，但不能升 3 挡或高挡。

**可能的故障原因：**

节气门拉线或节气门位置传感器调整不当；调速器存在故障，调速器油路漏油；车速传感器故障；2 挡制动器或高档离合器存在故障；换挡阀卡滞或挡位开关故障。

**故障诊断过程：**

（1）电控自动变速器应先进行故障诊断。检查调整节气门拉线和节气门位置传感器；检查车速传感器；检查挡位开关信号。

（2）测量调速器油压，如果车速升高后调速器油压为 0 或很低，说明调速器有故障或漏油。

（3）如果控制系统无故障，应拆检自动变速器，检查换挡位置是否打滑。

（4）用压缩空气检查各离合器、制动器油缸或活塞有无泄漏。

**思考：**用鱼骨图画出上述故障诊断过程，掌握鱼骨图这一思维工具的使用方法，体会并指出鱼骨图中的“望闻问切”。

学习笔记

学习笔记

# 项目六　检查自动变速器电控系统

## 一、项目描述

完成 2007 款宝来 1.6 L/AT 轿车 01M 自动变速器电控系统检修作业。

## 二、项目要求

符合 2007 款宝来 1.6 L/AT 轿车自动变速器电控系统的检修技术要求与标准，正确使用工具，完成如下检修作业：

（1）检查自动变速器电控系统。

（2）检查自动变速器中的电磁阀。

## 三、学习目标

（1）准确描述自动变速器电控系统的基本组成、类型和优缺点。

（2）准确描述自动变速器电控系统检查方法。

（3）准确描述自动变速器中电磁阀检查方法。

（4）规范地对自动变速器电控系统进行检查作业。

（5）规范地对自动变速器中电磁阀进行检查作业。

（6）养成自觉遵守技术标准和要求规定、规范操作、安全、环保、5S 作业的好习惯。

（7）掌握汽车维修思维工具。

（8）认识到改进就是创新。

## 四、学习载体

现有一辆 2007 款宝来 1.6 L/AT 轿车来到服务站，车主反映，仪表盘上挡位显示“D”闪烁，且发动机转速达到 2 000 转以上时汽车才能起步，售后服务顾问告知车主变速器可能进入了故障保护模式，需要对自动变速器电控系统进行检查。下图所示为 2007 宝来 1.6 L/AT 轿车 01M 自动变速器电控系统简图。

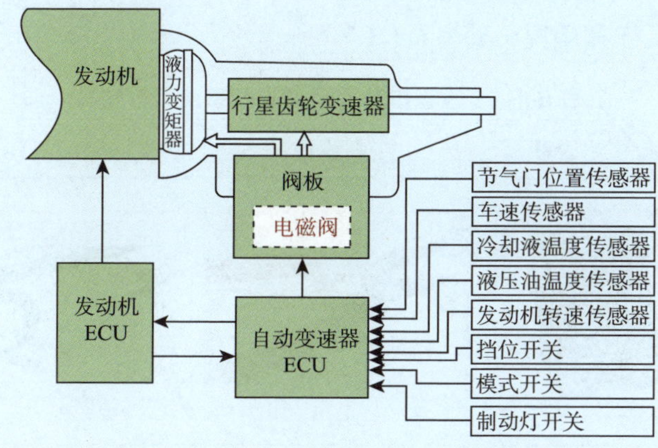


学习笔记

学习笔记

# 任务一　检查自动变速器电气系统

## 职业行动

### 步骤一：作业准备

**1. 作业场地**

选择带有消防设施的作业场地。

**2. 设备设施**

2007 款宝来 1.6 L/AT 轿车 01M 自动变速器、举升机、手电筒、工具车、零件车、垃圾桶。

**3. 工量辅具**（见表 6-1-1）

表 6-1-1　检查自动变速器电气系统工量辅具

| 套筒扳手组合套具 | 剥线钳 | 试灯工具 |
| --- | --- | --- |
| | | |
| 螺丝刀套装 | 万用表 | 诊断仪 |
| | | |

## 职业知识

### 行星齿轮机构组成

| | | |
| --- | --- | --- |
| 传感器 | 油温传感器 | 多功能开关 |
| | 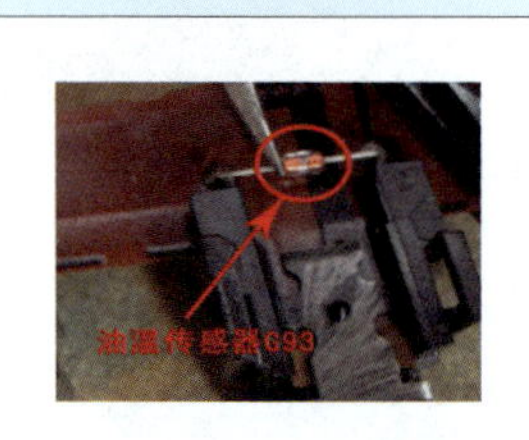 |  |
| | 转速传感器 | 节气门位置传感器 |
| |  |  |
| 控制单元 |  | • 控制单元通过车身网络系统收集相关传感器的信号，通过分析再将命令发送到执行器，控制单元相当于变速器的大脑 |

视频

6-1 检查自动变速器电气系统

汽修技术比来比去，其实比得是思路，思路对了，故障点就不难找了

## 步骤二：变速器常规检查

### 1. 启动车辆

打开点火开关，并踩下制动踏板，如图 6-1-1 和图 6-1-2 所示。

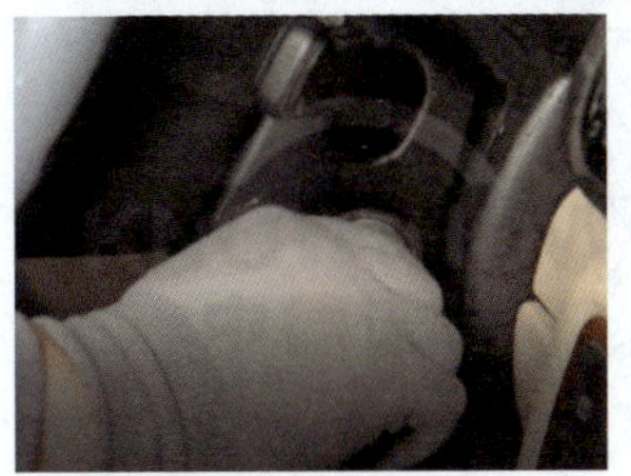

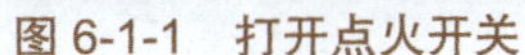

图 6-1-1　打开点火开关

图 6-1-2　踩下制动踏板

### 2. 检查变速杆

（1）检查变速杆锁止功能是否正常，如图 6-1-3 所示。

（2）移动变速杆，检查变速杆是否能在各挡位之间自由移动，如图 6-1-4 所示。

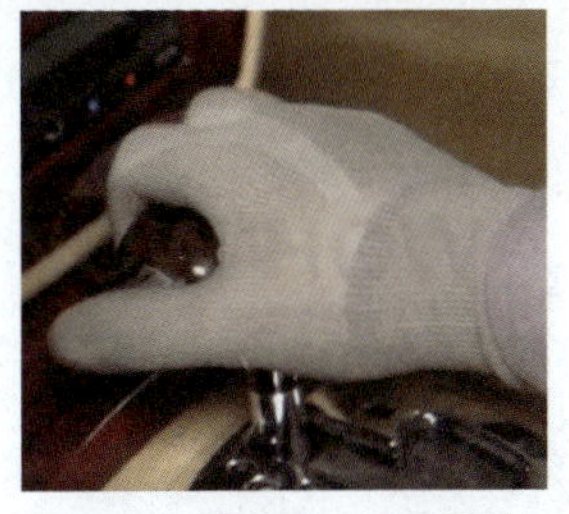

图 6-1-3　检查变速杆锁止功能

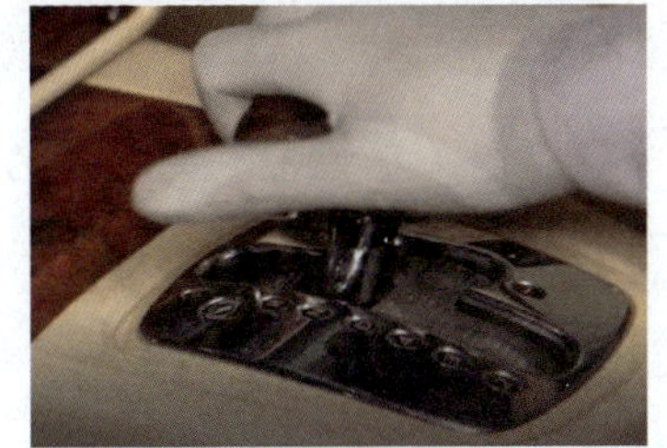

图 6-1-4　检查变速杆能否自由移动

续表

| | |
|---|---|
| 执行器 | 电磁阀 |
| | <br>• 电磁阀主要控制滑阀箱内的滑阀移动 |
| | 滑阀箱 |
| | 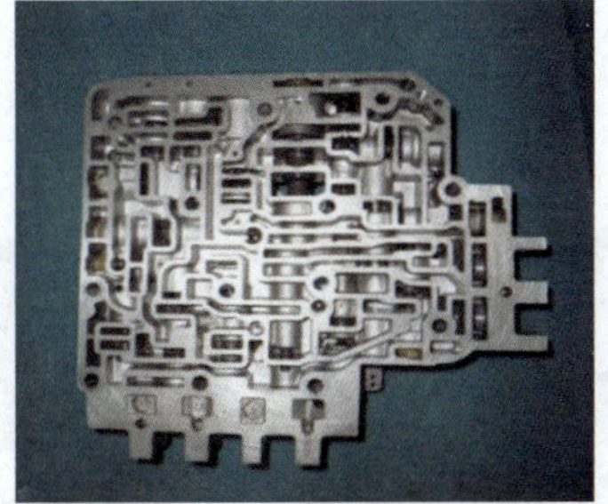<br>• 滑阀箱内有控制自动变速器液压系统的阀体 |
| | 仪表 |
| |  |

学习笔记

（3）观察仪表指示与挡杆位置是否匹配，如图 6-1-5 所示。

图 6-1-5　观察仪表指示

## 步骤三：检查变速器线束插头

### 1. 检查多功能开关插头

（1）关闭点火开关，举升车辆。

检查多功能开关插接器是否正常，如图 6-1-6 所示。

（2）拔下多功能开关插接器，如图 6-1-7 所示。

图 6-1-6　检查多功能开关

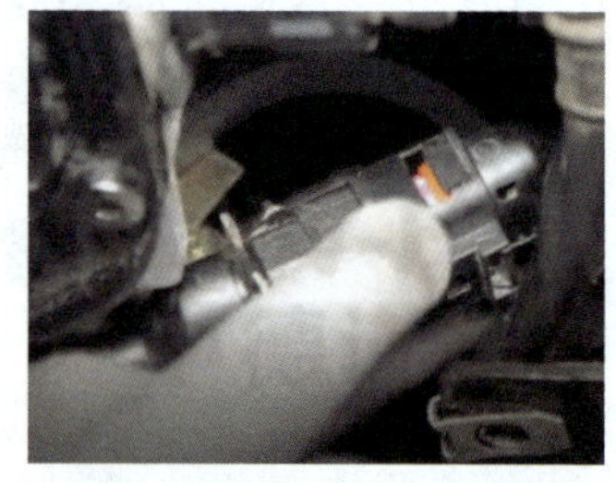

图 6-1-7　拔下多功能开关插接器

| 变速器输入转速传感器 | |
| --- | --- |
| 安装位置 | 在变速器液压控制系统的阀板上<br>输入传感器 |
| 作用 | 检测变速器输入转速，变速器控制单元根据此信号控制换挡时的平顺性 |
| 故障现象 | 传感器出现故障，则变速器电控系统进入紧急运行状态 |

| 变速器输出转速传感器 | |
| --- | --- |
| 安装位置 | 在变速器主减速器的输入轴上或四驱车辆的中间差速器位置<br>至前轴差速器<br>变速器输出转速传感器<br>变速器输出轴<br>变速器输出转速传感器 |



汽修技术比来比去，其实比得是思路，思路对了，故障点就不难找了

（3）拔下插接器，检查其端子有无进水、弯折、锈蚀的现象，如图 6-1-8 所示。

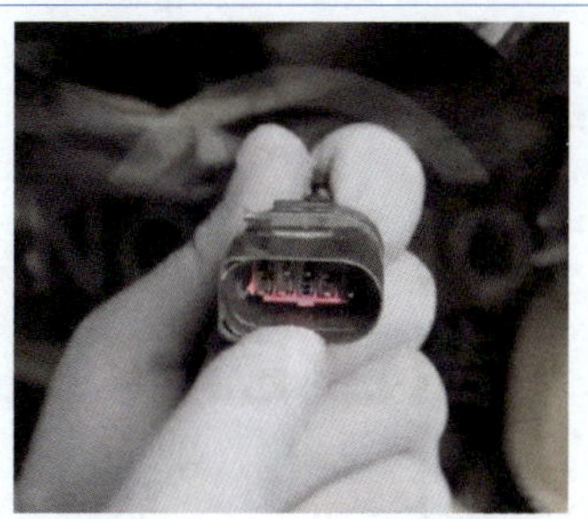

图 6-1-8　检查插接器

### 2. 检测变速箱控制单元

（1）连接诊断器到车辆诊断接口上。进入变速箱电控系统，如图 6-1-9 所示。

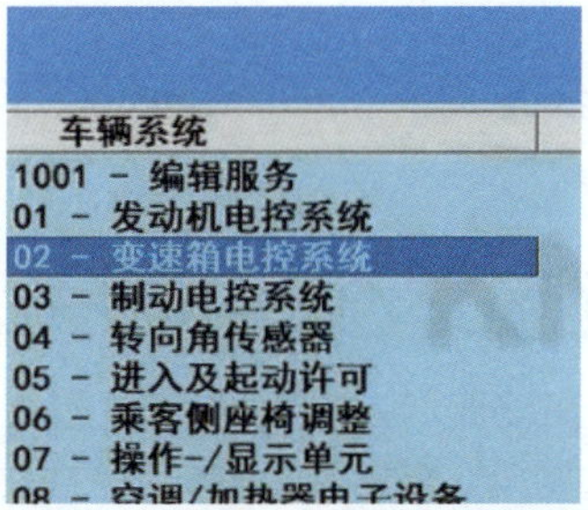

车辆系统
1001 － 编辑服务
01 － 发动机电控系统
02 － 变速箱电控系统
03 － 制动电控系统
04 － 转向角传感器
05 － 进入及起动许可
06 － 乘客侧座椅调整
07 － 操作－/显示单元
08 － 空调/加热器电子设备

图 6-1-9　使诊断仪进入变速箱系统

（2）检查有无故障码，并清除故障码，如图 6-1-10 和图 6-1-11 所示。

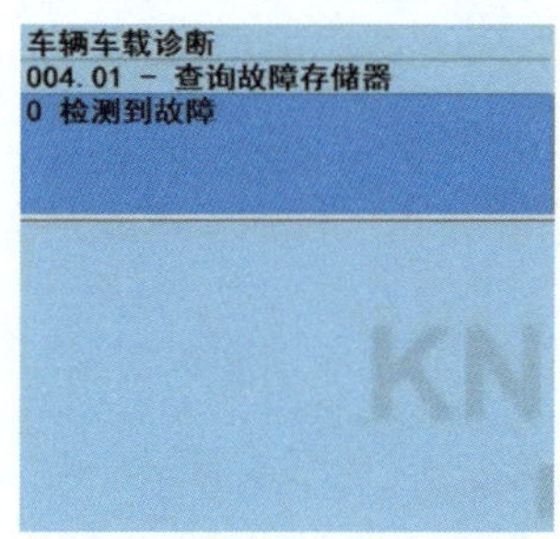



图 6-1-10　检查故障码

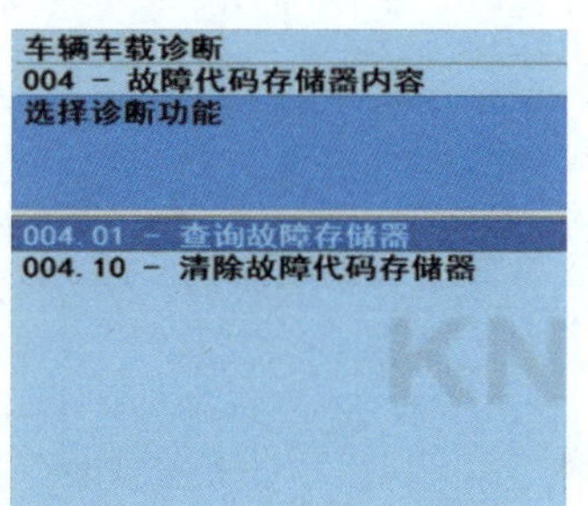



图 6-1-11　清除故障码

| | |
|---|---|
| 作用 | 检测变速器输出转速，变速器控制单元根据此信号判断应该切换至哪一个挡位，以及调节和控制换挡时的油压 |
| 故障现象 | 传感器出现故障，则变速器电控系统进入紧急运行状态 |
| **超速开关** | |
| 安装位置 | 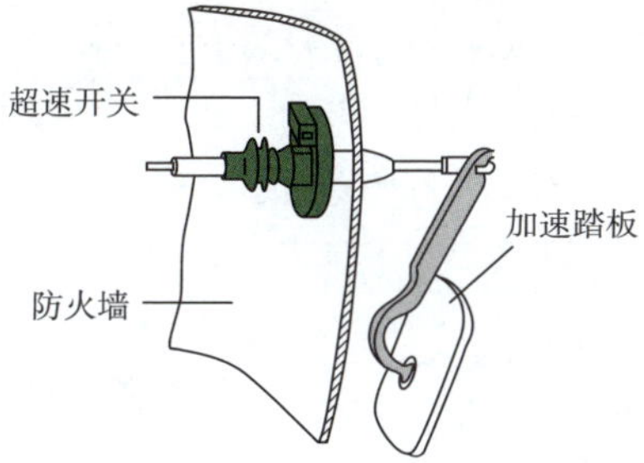 超速开关<br>加速踏板<br>防火墙<br>• 集成在节气门拉索上，安装于发动机舱防火墙位置 |
| 作用 | 向变速器提供加速信号，变速器控制单元根据此信号控制变速器降挡，以获得更大的输出扭矩 |
| **制动开关** | |
| 安装位置 | 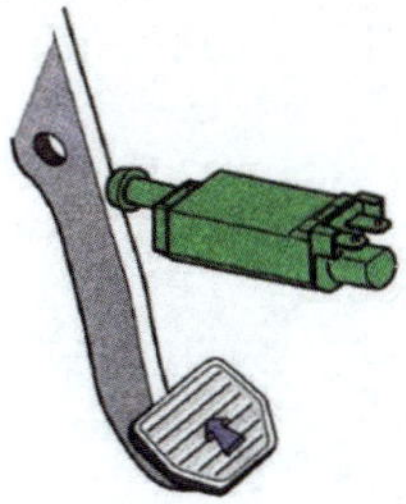 • 安装在制动踏板上方 |
| 作用 | 向变速器控制单元提供“制动踏板已踩下”的信号 |

学习笔记

学习笔记

# 任务测评

## 一、知识测评

确定本任务的关键词，按重要程度进行关键词排序并举例解读，然后根据自己对重要信息捕捉、排序、表达、创新和划分权重能力进行自评，满分 100 分，如表 6-1-2 所示。

表 6-1-2　检查自动变速器电气系统知识测评表

| 序号 | 关键词 | 举例解读 | 评分自定 |
|---|---|---|---|
| 1 | | | |
| 2 | | | |
| 3 | | | |
| 4 | | | |
| 5 | | | |
| 总分 | | | |

## 二、能力测评

对表 6-1-3 所列作业内容，操作规范即得分，操作错误或未操作即零分。

表 6-1-3　检查自动变速器电气系统能力测评表

| 序号 | 能力点 | 配分 | 得分 |
|---|---|---|---|
| 1 | 准备工作 | 10 | |
| 2 | 电控系统插接器的检查 | 30 | |
| 3 | 传感器的检查 | 20 | |
| 4 | 诊断仪的使用 | 20 | |
| 5 | 举升机的使用 | 20 | |
| 总分 | | 100 | |

## 三、素养测评

对表 6-1-4 所列素养点，做到即得分，未做到即零分。

表 6-1-4　检查自动变速器电气系统素养测评表

| 序号 | 素养点 | 配分 | 得分 |
|---|---|---|---|
| 1 | 设备和工具安全检查 | 20 | |
| 2 | 车辆安全防护 | 20 | |
| 3 | 工具清洁校准存放 | 20 | |
| 4 | 工量辅具、零部件、油水液体“三不落地” | 20 | |
| 5 | 工位 5S | 20 | |
| 总分 | | 100 | |

## 四、拓展训练

（1）请列举出在检查自动变速器电气系统过程中易出现的问题，分析产生问题的原因并制定解决问题的措施。（满分 30 分）

（2）现发现，2007 款宝来 1.8 L/AT 轿车在驶过程中变速器电控系统进入应急模式，初步判断为变速器电气系统出现问题。试制定电气系统检查流程。（满分 40 分）

（3）自动变速器的电气系统如同人体神经系统，随着电气系统的发展，由以前几个简单元器件到现在由众多复杂的传感器组成的系统，这是汽车工程师们一代一代研究迭代的成果。

请按下列思维导图格式（见图 6-1-12），对检查自动变速器电气系统的学习过程进行总结，搜集一个自动变速器电控技术创新案例，思考一下创新有什么方法和思维方式，将你了解到的创新思维与方法填到下面的空格中。（满分 30 分）

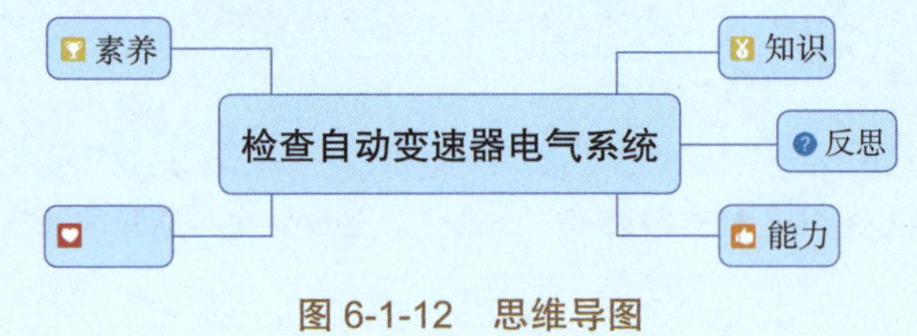


图 6-1-12　思维导图



汽修技术比来比去，其实比得是思路，思路对了，故障点就不难找了

学习笔记

# 任务二　检查自动变速器电磁阀

## 职业行动

### 步骤一：作业准备

1. 作业场地

选择带有消防设施的作业场地。

2. 设备设施

2007 款宝来 1.6 L/AT 轿车 01M 自动变速器、举升机、手电筒、工具车、零件车、垃圾桶。

3. 工量辅具（见图 6-2-1）

表 6-2-1　检查自动变速器电磁阀工量辅具

| 套筒扳手组合套具 | 剥线钳 | 试灯工具 |
|---|---|---|
|  |  |  |
| 螺丝刀套装 | 万用表 | 诊断仪 |
|  |  |  |

## 职业知识

### 电磁阀

| 电磁阀 | |
|---|---|
| 结构 | TCC锁止控制线性电磁阀<br>电磁阀插头、外壳、转轮、铝制鼻突、控制滑阀、定位夹、调节器、垫圈、铜套、电磁线圈、柱塞、泄压、控制油压（锁止控制）、平衡油压、供给油压（来自电磁阀调制阀） |
| 工作原理 | • 当电磁阀通电时，在电磁吸力作用下柱塞会推动控制滑阀向左移动。<br>• 当电磁阀断电时，柱塞会在回位弹簧的作用下回到原位 |
| 分类 | • 根据功能的不同可以分为换挡电磁阀、锁止离合器电磁阀和油压电磁阀。<br>• 根据工作原理的不同可以分为开关式电磁阀和占空比式（脉冲线性式）电磁阀 |

视频

6-2 检查自动变速器电磁阀

学习笔记

## 步骤二：检查电磁阀

### 1. 检查电磁阀线束

（1）检查变速器电磁阀线束插接器是否正常，如图 6-2-1 所示。

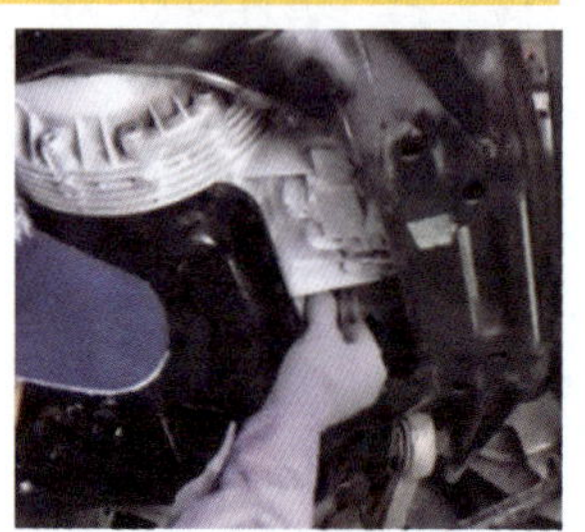

图 6-2-1　检查电磁阀线束插接器

（2）拔下插接器，检查其端子有无进水、弯折、锈蚀的现象，如图 6-2-2 和图 6-2-3 所示。

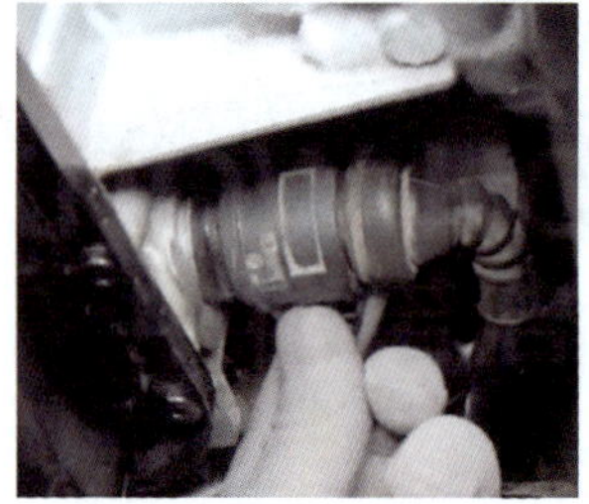

图 6-2-2　拔下插接器

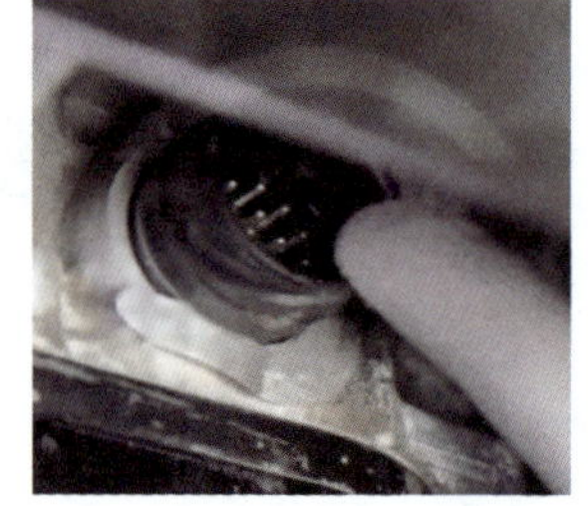

图 6-2-3　检查插接器端子

### 2. 使用诊断仪检查电磁阀

（1）使用诊断仪进入变速器控制单元进行执行元件测试，如图 6-2-4 所示。

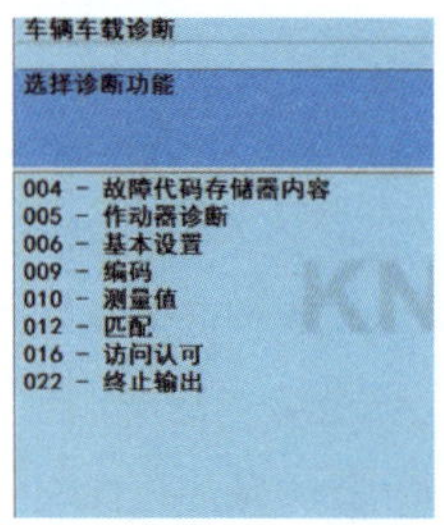



图 6-2-4　进入执行元件测试页面

## 开关式电磁阀

| 结构 | 功用 |
| --- | --- |
| OFF<br>ON<br>1—ECU；2—节流口；3—主油路；4—控制油路；5—泄油口；6—电磁线圈；7—衔铁和阀芯 | 开启或关闭液压油路，通常用于控制换挡阀和部分车型锁止离合器的工作 |
| | **工作原理** |
| | 当电磁阀通电时，在电磁吸力作用下衔铁和阀芯下移，关闭泄油口，主油压供给到控制油路。当电磁阀断电时，在复位弹簧的作用下衔铁和阀芯上移，打开泄油口，主油压被泄掉，控制油路压力很小 |

## 电控换挡阀工作原理

当换挡电磁阀断电时，阀芯及球阀在复位弹簧作用下升起，主油压不能到达换挡阀的左侧，则换挡阀处于左端位置，主油压经过换挡阀给换挡执行元件供油，得到相应的挡位。

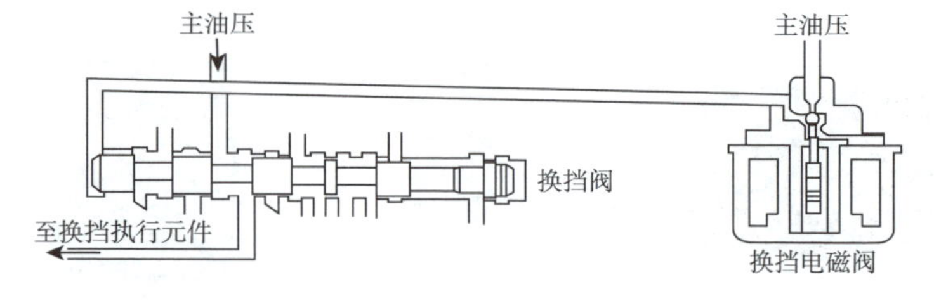

（2）使用诊断仪检查液压内部电磁阀有无动作，如图 6-2-5 所示。

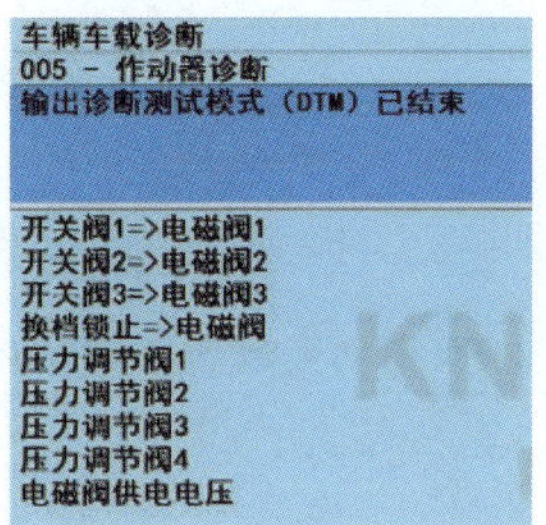


图 6-2-5　测试电磁阀

## 步骤三：检查电磁阀电路

### 1. 检查电磁阀电阻

检查电磁阀电阻。脱开电磁阀连接器，测量电磁阀端子与车身搭铁之间的电阻，应为 11~15 Ω，如图 6-2-6 所示。

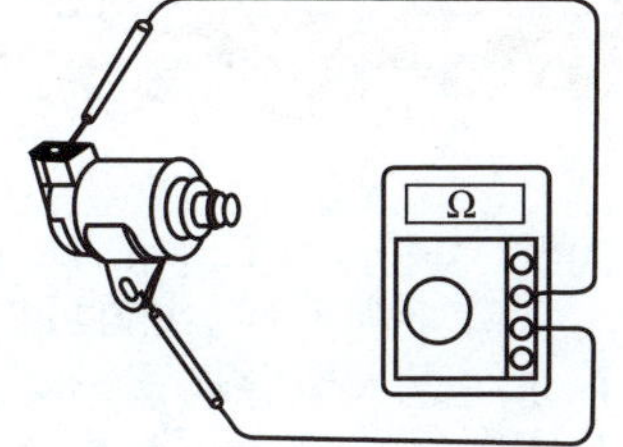


图 6-2-6　检查电磁阀电阻

### 2. 检查电磁阀工作情况

检查电磁阀的工作。用蓄电池给电磁阀通电，检查是否有工作响声，如图 6-2-7 所示。

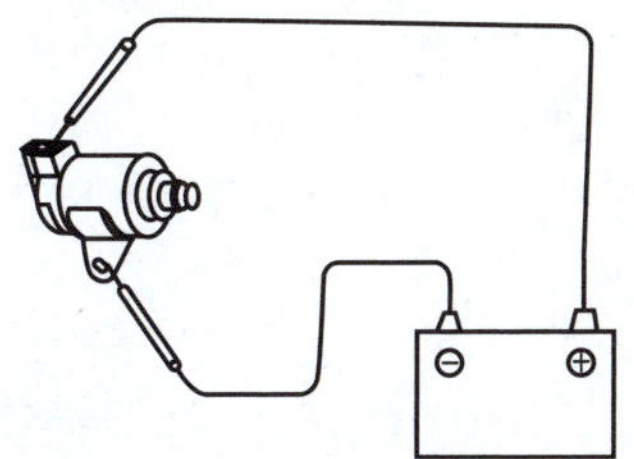

图 6-2-7　通电检查电磁阀的工作

学习笔记

当换挡电磁阀通电时，电磁吸力使阀芯及球阀下移，主油压经过换挡电磁阀到达换挡阀的左侧，换挡阀右移，主油压到达换挡阀后被截止，不能给换挡执行元件供油，得到另外的挡位。

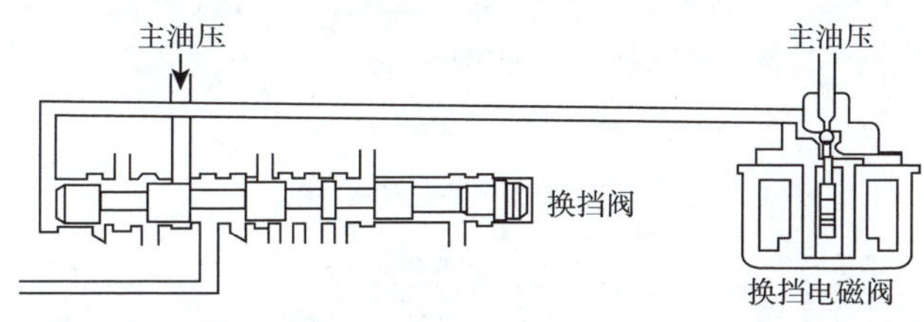


## 占空比式电磁阀

| 结构 | 用途 |
| --- | --- |
| 电磁部　调压部<br>3　排出　4　5<br>2　1<br>1—电磁线圈；2—滑阀；3—滑阀轴；4—控制阀；5—弹簧 | 通常用于控制油路的油压，有的车型的锁止离合器也采用此种电磁阀控制 |
| | **原理** |
| | 与开关式电磁阀不同的是，控制占空比是电磁阀的电信号不是恒定不变的电压信号，而是一个固定频率的脉冲电信号。在脉冲电信号的作用下，电磁阀不断开启、关闭泄油口 |

学习笔记

# 任务测评

## 一、知识测评

确定本任务的关键词，按重要程度进行关键词排序并举例解读，然后根据自己对重要信息捕捉、排序、表达、创新和划分权重能力进行自评，满分 100 分，如表 6-2-2 所示。

表 6-2-2　检查自动变速器电磁阀知识测评表

| 序号 | 关键词 | 举例解读 | 评分自定 |
|---|---|---|---|
| 1 | | | |
| 2 | | | |
| 3 | | | |
| 4 | | | |
| 5 | | | |
| 总分 | | | |

## 二、能力测评

对表 6-2-3 所列作业内容，操作规范即得分，操作错误或未操作即零分。

表 6-2-3　检查自动变速器电磁阀能力测评表

| 序号 | 能力点 | 配分 | 得分 |
|---|---|---|---|
| 1 | 准备工作 | 10 | |
| 2 | 检查电磁阀线束 | 30 | |
| 3 | 使用诊断仪检查电磁阀 | 20 | |
| 4 | 检查电磁阀电阻 | 20 | |
| 5 | 检查电磁阀工作情况 | 20 | |
| 总分 | | 100 | |

## 三、素养测评

对表 6-2-4 所列素养点，做到即得分，未做到即零分。

表 6-2-4　检查自动变速器电磁阀素养测评表

| 序号 | 素养点 | 配分 | 得分 |
|---|---|---|---|
| 1 | 设备和工具安全检查 | 20 | |
| 2 | 车辆安全防护 | 20 | |
| 3 | 工具清洁校准存放 | 20 | |
| 4 | 工量辅具、零部件、油水液体“三不落地” | 20 | |
| 5 | 工位 5S | 20 | |
| 总分 | | 100 | |

## 四、拓展训练

（1）请列举出在检查自动变速器电气系统的过程中易出现的问题，分析产生问题的原因并制定解决问题的措施。（满分 30 分）

（2）现发现，2007 款宝来 1.8 L/AT 轿车在驶过程中变速器电控系统进入应急模式，初步判断为变速器电气系统出现问题。试制定电气系统检查流程。（满分 40 分）

（3）随着科技的发展，自动变速器的液压控制阀从液压控制阀到电磁控制阀，控制精度大大提高，这绝对是一项技术的突破，这与汽车工程师不畏艰难、勇于创新的精神是密不可分的。

请按下列思维导图格式（见图 6-2-8），对检查自动变速器电磁阀的学习过程进行总结。想一想自己生活与学习中的创新思维与行动，举出一个事例，填到下面空格里。（满分 30 分）

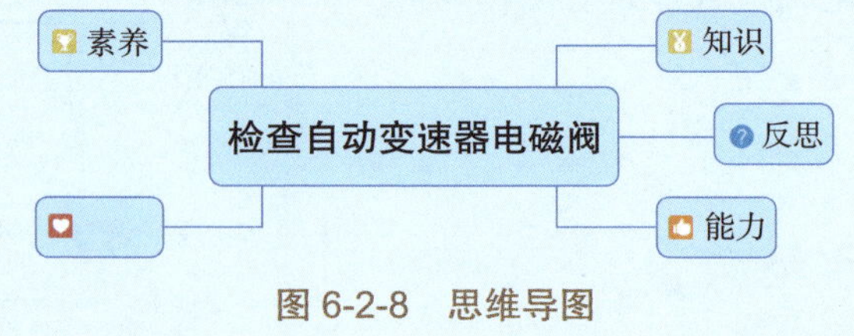


图 6-2-8　思维导图

学习笔记

# 学习考评

## 一、考评项目

根据所学，请对 2019 款宝来 1.6 L 运动版自动变速器离合器和制动器进行分解与间隙测量。

## 二、实施准备

### 1. 学生准备

学生在按照教学进度计划，已经完成了以下学习任务并达到 75 分以上，可进行该学习考评的实施。

（1）理解并完成学习考评需要的相关知识和方法的学习，得分大于 75 分。

（2）运用学习考评需要的相关知识和方法进行作业，得分大于 75 分。

（3）按时、按质、按量完成相应作业，得分大于 80 分。

（4）具有自觉遵守技术标准和要求规定、规范操作、安全、环保、5S 作业、团结协作的好习惯，得分大于 80 分。

（5）能够制定检查自动变速器电控系统流程。

### 2. 教师准备

（1）在安排学生实施学习考评前，通过课堂问题研讨、作业、实训和考核及其他方式，确认学生已经具备了实施学习考评所需的知识、技能和素养，并确保学生在安全状态下独立进行。

（2）对协助教师进行测评的学生进行测评和监督方法的培训，确保测评结果的准确性和公平性。

## 三、验证方法与标准

（1）每位测评人员负责对两名学生进行定点、全过程的监控和测评。

（2）详细记录学生在实施学习考评过程中的相关信息、数据、结果、操作方法、完成时间，以及出现错误、事故等情况。

（3）学习考评的作业过程和数据记录等，要求在 60 分钟内完成。如果时间不足，可在即将结束时，口述剩余部分的作业方法。

（4）考核内容及标准如下表所示。

| 序号 | 作业项目 | 考核内容 | 考核标准 | 配分 | 得分 |
|---|---|---|---|---|---|
| 1 | 自动变速器电控系统的基本检查 | 自动变速器电气系统常规检查 | 检查流程错误扣 15 分 | 30 | |
| | | 诊断仪检查自动变速器 | 检查流程错误扣 15 分 | | |
| 2 | 自动变速器中电磁阀的检查 | 检查电磁阀线束 | 检查流程错误扣 10 分 | 30 | |
| | | 使用诊断仪检查电磁阀 | 检查流程错误扣 10 分 | | |
| | | 检查电磁阀电阻 | 检查流程错误扣 10 分 | | |
| 3 | 查阅资料 | 正确查阅检修资料 | 未查阅或查阅不正确 20 分 | 20 | |
| 4 | 安全文明生产 | 遵守规程、安全生产 | 每违犯一项扣 1 分直至扣完 | 20 | |
| | | 因违犯操作规程造成事故 | 因违规操作发生重大人身或设备事故，此题按 0 分计 | | |
| 总分 | | | | 100 | |

## 四、考评报告

**说明：**考评分为理论考评和实操考评，理论考评根据项目要求以及考评模板格式制定项目实施方案，方案经教师审核合格后，方可进行实操考核。考评报告模板详见附录 A。

学习笔记

# 拓展阅读

## 望闻问切的汽车医生

学到现在，是否有作为未来汽车医生的底气？掌握了多少望闻问切的工具手段？脑海里总结了几种汽车故障诊断模式？是否形成了自己的故障诊断“定式”？学了很多门汽车维修课程，是否有自己的故障案例库？时刻要记住——没有总结，所有的努力都是无效的勤奋。

**故障现象：**

汽车行驶中，不能从 3 挡升入超速挡；车速已达到超速挡范围，采用松加速踏板几秒钟再踩下加速踏板的方法，自动变速器也不能升入超速挡。

**可能的故障原因：**

超速挡开关故障；超速制动器打滑；超速行星排上的直接离合器或直接单向超越离合器故障；挡位开关故障；液压油温度传感器故障；节气门位置传感器故障；超速电磁阀故障。

**故障诊断过程：**

（1）对电控系统自动变速器应进行故障诊断，检查有无故障码输出。

（2）检查液压油温度传感器电阻值。

（3）检查挡位开关和节气门位置传感器输出信号。挡位开关信号应与变速杆的位置相符，节气门位置传感器输出电压应与节气门开度成正比。

（4）检查高速挡开关在 ON 及 OFF 位时，指示灯应不亮和亮，否则检查超速挡电路或更换超速挡开关。

（5）检查超速挡电磁阀工作情况。打开点火开关，不启动发动机，按下 O/D 开关，超速挡开关应该有接合声，若无接合声，应检查控制电路或更换电磁阀。用举升机举起车辆，使四轮悬空。启动发动机，使自动变速器在 D 挡工作，检查在无负荷状态下自动变速器升挡情况。如果能升入高速挡且车速正常，说明控制系统工作正常。如果不能升入超速挡，是因为超速制动器打滑，所以在有负荷情况下不能升入超速挡。如果能升入超速挡，而升挡后车速不能提高，发动机转速不降，说明超速行星排中直接离合器或直接单向超越离合器故障。如果在无负荷情况下不能升入超速挡，说明控制系统存在故障，应拆检阀体，检查 3—4 换挡阀。

**思考：**用你掌握的至少两个思维可视化工具分析上述故障判断过程，同时对比哪一个更好地体现了汽车医生的诊断思路。

学习笔记

学习笔记

# 附录 A　考评报告

考评报告

<table>
<tr><td colspan="3">项目名称：保养自动变速器</td><td colspan="3">考核时间：60 分钟（理论）+ 实操（90 分钟）</td></tr>
<tr><td>姓名：</td><td colspan="2">班级：</td><td colspan="2">学号：</td><td rowspan="3">教师签字：</td></tr>
<tr><td>自评：□合格<br>□不合格</td><td colspan="2">互评：□合格<br>□不合格</td><td colspan="2">师评：□合格<br>□不合格</td></tr>
<tr><td>日期：</td><td colspan="2">日期：</td><td colspan="2">日期：</td></tr>
<tr><td colspan="6">保养方案</td></tr>
<tr><td colspan="6">第一部分　车辆信息记录</td></tr>
<tr><td>品牌</td><td></td><td>整车型号</td><td></td><td>生产日期</td><td></td></tr>
<tr><td>变速箱型号</td><td></td><td>行驶里程</td><td></td><td></td><td></td></tr>
<tr><td>车辆识别码</td><td colspan="5"></td></tr>
<tr><td colspan="6">第二部分　场地安全、设备设施和工量辅具准备</td></tr>
<tr><td>序号</td><td colspan="2">名称</td><td colspan="2">规格</td><td>数量</td></tr>
<tr><td>1</td><td colspan="2"></td><td colspan="2"></td><td></td></tr>
<tr><td>2</td><td colspan="2"></td><td colspan="2"></td><td></td></tr>
<tr><td>3</td><td colspan="2"></td><td colspan="2"></td><td></td></tr>
<tr><td></td><td colspan="2"></td><td colspan="2"></td><td></td></tr>
<tr><td colspan="6">第三部分　保养项目</td></tr>
<tr><td>序号</td><td>保养项目</td><td>保养数据</td><td>标准值或极限值</td><td>检查结果</td><td>维修措施</td></tr>
<tr><td>1</td><td></td><td></td><td></td><td></td><td></td></tr>
<tr><td>2</td><td></td><td></td><td></td><td></td><td></td></tr>
<tr><td>3</td><td></td><td></td><td></td><td></td><td></td></tr>
<tr><td></td><td></td><td></td><td></td><td></td><td></td></tr>
</table>

续表

<table>
<tr><td colspan="3">第四部分　更换和调整资料查询记录</td></tr>
<tr><td>序</td><td>作业项目</td><td>紧固和调整标准</td></tr>
<tr><td>1</td><td></td><td></td></tr>
<tr><td>2</td><td></td><td></td></tr>
<tr><td>3</td><td></td><td></td></tr>
<tr><td></td><td></td><td></td></tr>
<tr><td colspan="3">第五部分　项目总结</td></tr>
<tr><td colspan="3"></td></tr>
</table>

注：表格不足可加行。

学习笔记

学习笔记

## 考评报告

| 项目名称：分解检查自动变速器油泵 | | 考核时间：60 分钟（理论）+实操（90 分钟） | |
|---|---|---|---|
| 姓名： | 班级： | 学号： | 教师签字： |
| 自评：□合格<br>□不合格 | 互评：□合格<br>□不合格 | 师评：□合格<br>□不合格 | |
| 日期： | 日期： | 日期： | |

**检查方案**

第一部分　车辆信息记录

| 品牌 | | 整车型号 | | 生产日期 | |
|---|---|---|---|---|---|
| 变速箱型号 | | 行驶里程 | | | |
| 车辆识别码 | | | | | |

第二部分　场地安全、设备设施和工量辅具准备

| 序号 | 名称 | 规格 | 数量 |
|---|---|---|---|
| 1 | | | |
| 2 | | | |
| 3 | | | |
| | | | |

第三部分　保养项目

| 序号 | 保养项目 | 保养数据 | 标准值或极限值 | 检查结果 | 维修措施 |
|---|---|---|---|---|---|
| 1 | | | | | |
| 2 | | | | | |
| 3 | | | | | |
| | | | | | |

续表

第四部分　更换和调整资料查询记录

| 序 | 作业项目 | 紧固和调整标准 |
|---|---|---|
| 1 | | |
| 2 | | |
| 3 | | |
| | | |

第五部分　项目总结

注：表格不足可加行。

学习笔记

## 考评报告

| 项目名称：检修液力变矩器 | | 考核时间：60 分钟（理论）+ 实操（90 分钟） | |
|---|---|---|---|
| 姓名： | 班级： | 学号： | 教师签字： |
| 自评：□合格<br>□不合格 | 互评：□合格<br>□不合格 | 师评：□合格<br>□不合格 | |
| 日期： | 日期： | 日期： | |

**检查方案**

第一部分　车辆信息记录

| 品牌 | | 整车型号 | | 生产日期 | |
|---|---|---|---|---|---|
| 变速箱型号 | | 行驶里程 | | | |
| 车辆识别码 | | | | | |

第二部分　场地安全、设备设施和工量辅具准备

| 序号 | 名称 | 规格 | 数量 |
|---|---|---|---|
| 1 | | | |
| 2 | | | |
| 3 | | | |
| | | | |

第三部分　保养项目

| 序号 | 保养项目 | 保养数据 | 标准值或极限值 | 检查结果 | 维修措施 |
|---|---|---|---|---|---|
| 1 | | | | | |
| 2 | | | | | |
| 3 | | | | | |
| | | | | | |

续表

第四部分　更换和调整资料查询记录

| 序 | 作业项目 | 紧固和调整标准 |
|---|---|---|
| 1 | | |
| 2 | | |
| 3 | | |
| | | |

第五部分　项目总结

注：表格不足可加行。

学习笔记

## 考评报告

<table>
<tr><td colspan="2">项目名称:拆装与清洗自动变速器阀体</td><td colspan="2">考核时间：60 分钟(理论)+实操(90 分钟)</td></tr>
<tr><td>姓名：</td><td>班级：</td><td>学号：</td><td rowspan="3">教师签字：</td></tr>
<tr><td>自评：□合格<br>□不合格</td><td>互评：□合格<br>□不合格</td><td>师评：□合格<br>□不合格</td></tr>
<tr><td>日期：</td><td>日期：</td><td>日期：</td></tr>
</table>

### 检查方案

第一部分　车辆信息记录

<table>
<tr><td>品牌</td><td></td><td>整车型号</td><td></td><td>生产日期</td><td></td></tr>
<tr><td>变速箱型号</td><td></td><td>行驶里程</td><td></td><td></td><td></td></tr>
<tr><td>车辆识别码</td><td colspan="5"></td></tr>
</table>

第二部分　场地安全、设备设施和工量辅具准备

| 序号 | 名称 | 规格 | 数量 |
|---|---|---|---|
| 1 | | | |
| 2 | | | |
| 3 | | | |
| | | | |

第三部分　保养项目

| 序号 | 保养项目 | 保养数据 | 标准值或极限值 | 检查结果 | 维修措施 |
|---|---|---|---|---|---|
| 1 | | | | | |
| 2 | | | | | |
| 3 | | | | | |
| | | | | | |

续表

第四部分　更换和调整资料查询记录

| 序 | 作业项目 | 紧固和调整标准 |
|---|---|---|
| 1 | | |
| 2 | | |
| 3 | | |
| | | |

第五部分　项目总结

注：表格不足可加行。

## 考评报告

<table>
<tr><td colspan="2">项目名称：分解检查自动变速器</td><td colspan="2">考核时间：60 分钟（理论）+实操（90 分钟）</td></tr>
<tr><td>姓名：</td><td>班级：</td><td>学号：</td><td rowspan="3">教师签字：</td></tr>
<tr><td>自评：□合格<br>□不合格</td><td>互评：□合格<br>□不合格</td><td>师评：□合格<br>□不合格</td></tr>
<tr><td>日期：</td><td>日期：</td><td>日期：</td></tr>
</table>

**检查方案**

第一部分　车辆信息记录

| 品牌 | | 整车型号 | | 生产日期 | |
|---|---|---|---|---|---|
| 变速箱型号 | | 行驶里程 | | | |
| 车辆识别码 | | | | | |

第二部分　场地安全、设备设施和工量辅具准备

| 序号 | 名称 | 规格 | 数量 |
|---|---|---|---|
| 1 | | | |
| 2 | | | |
| 3 | | | |
| | | | |

第三部分　保养项目

| 序号 | 保养项目 | 保养数据 | 标准值或极限值 | 检查结果 | 维修措施 |
|---|---|---|---|---|---|
| 1 | | | | | |
| 2 | | | | | |
| 3 | | | | | |
| | | | | | |

续表

第四部分　更换和调整资料查询记录

| 序 | 作业项目 | 紧固和调整标准 |
|---|---|---|
| 1 | | |
| 2 | | |
| 3 | | |
| | | |

第五部分　项目总结

注：表格不足可加行。

学习笔记

学习笔记

## 考评报告

<table>
<tr><td colspan="3">项目名称：检查自动变速器电控系统</td><td colspan="3">考核时间：60 分钟（理论）+ 实操（90 分钟）</td></tr>
<tr><td colspan="2">姓名：</td><td>班级：</td><td colspan="2">学号：</td><td rowspan="3">教师签字：</td></tr>
<tr><td colspan="2">自评：□合格<br>□不合格</td><td>互评：□合格<br>□不合格</td><td colspan="2">师评：□合格<br>□不合格</td></tr>
<tr><td colspan="2">日期：</td><td>日期：</td><td colspan="2">日期：</td></tr>
</table>

### 检查方案

第一部分　车辆信息记录

| 品牌 | | 整车型号 | | 生产日期 | |
|---|---|---|---|---|---|
| 变速箱型号 | | 行驶里程 | | | |
| 车辆识别码 | | | | | |

第二部分　场地安全、设备设施和工量辅具准备

| 序号 | 名称 | 规格 | 数量 |
|---|---|---|---|
| 1 | | | |
| 2 | | | |
| 3 | | | |
| | | | |

第三部分　保养项目

| 序号 | 保养项目 | 保养数据 | 标准值或极限值 | 检查结果 | 维修措施 |
|---|---|---|---|---|---|
| 1 | | | | | |
| 2 | | | | | |
| 3 | | | | | |
| | | | | | |

续表

第四部分　更换和调整资料查询记录

| 序 | 作业项目 | 紧固和调整标准 |
|---|---|---|
| 1 | | |
| 2 | | |
| 3 | | |
| | | |

第五部分　项目总结

注：表格不足可加行。

# 参 考 文 献

[1] 李进. 自动变速器构造与检修 [M]. 北京：人民邮电出版社，2018.

[2] 朱迅. 自动变速器构造与检修 [M]. 北京：人民邮电出版社，2015.

[3] 廖发良. 汽车自动变速器构造与维修 [M]. 上海：上海交通大学出版社，2014.

[4] 李春明. 汽车底盘电控技术 [M]. 北京：人民邮电出版社，2014.